SÔ
Sellos de Vida

Donald Doan

Jacqueline Célestine

Ilustraciones de Marie Denise Allahma

Sellos de Vida

Descubre las energías curativas
de los Maestros de Luz

Puede consultar nuestro catálogo de libros en www.edicionesobelisco.com

Los editores no han comprobado ni la eficacia ni el resultado de las recetas, productos, fórmulas técnicas, ejercicios o similares contenidos en este libro. No asumen, por lo tanto, responsabilidad alguna en cuanto a su utilización ni realizan asesoramiento al respecto.

Colección Espiritualidad, Metafísica y Vida interior
Sô. Sellos de Vida
Donald Doan
Jacqueline Célestine

1.ª edición: febrero de 2011

Título original: *Sô. Sceaux de Vie*

Traducción: *Dagny Romero*
Maquetación: *Marta Ribón*
Corrección: *Leticia Oyola*
Diseño de cubierta: *Enrique Iborra*
Ilustraciones: *Marie Denise Allahma*

© 2008, Les éditions des 3 Monts
(Reservados todos los derechos)
© 2011, Ediciones Obelisco, S. L.
(Reservados los derechos para la presente edición)

Edita: Ediciones Obelisco S. L.
Pere IV, 78 (Edif. Pedro IV) 3.ª, planta 5.ª puerta
08005 Barcelona - España
Tel. 93 309 85 25 - Fax 93 309 85 23
E-mail: info@edicionesobelisco.com

Paracas, 59 C1275AFA Buenos Aires - Argentina
Tel. (541-14) 305 06 33 - Fax: (541-14) 304 78 20

ISBN: 978-84-9777-719-3
Depósito Legal: B-1.472-2011

Printed in Spain

Impreso en España en los talleres gráficos de Romanyà/Valls S. A.
Verdaguer, 1 - 08786 Capellades (Barcelona)

Reservados todos los derechos. Ninguna parte de esta publicación, incluido el diseño de la cubierta, puede ser reproducida, almacenada, transmitida o utilizada en manera alguna por ningún medio, ya sea electrónico, químico, mecánico, óptico, de grabación o electrográfico, sin el previo consentimiento por escrito del editor. Diríjase a CEDRO (Centro Español de Derechos Reprográficos, www.cedro.org) si necesita fotocopiar o escanear algún fragmento de esta obra.

*Mil gracias a nuestros amigos que
han permitido la creación de este libro ...*

*Stéphane Belleau... Mélanie Dubé por
su colaboración... Maestros, Guías
y toda la Jerarquía Espiritual...
nuestros amigos, cónyuges, colegas...
¡y especialmente a nuestras Presencias Divinas!*

«Una palabra, una sola, antes de comenzar...»

Este libro no nos pertenece. Pertenece a la humanidad a través del intermediario de los Maestros de Luz de la Jerarquía Espiritual de nuestro Universo, como herramienta energética y vibratoria de liberación y armonización para todos los hombres y mujeres en plena evolución espiritual durante estos nuevos tiempos de la Edad de Oro. Así pues, tomadlo, enriquecedlo si sois llamados, hacedlo vuestro en unión con vuestra Presencia Divina. Los Sô de este libro forman parte de nosotros, los hemos integrado y esto continúa día tras día. Estos Sellos de vida están en constante evolución en y alrededor de nosotros. Crecemos juntos y se abren nuevas puertas en nuestras vidas, y vías nuevas iluminan nuestros caminos espirituales y holísticos. Que este libro os traiga la luz que necesitáis...

Sed bendecidos por haber acogido este libro con vuestro corazón.

Con Amor...

Prólogo

Desde el Gran Sol Central, desde Shambhala y desde todos los lugares del Universo, venimos en esta nueva era de Acuario para traer a la humanidad nuevas herramientas de armonización de los cuerpos y de los chakras. Todos nosotros, Arcángeles, Maestros Ascendidos, Hermanos y Hermanas de Luz cósmicos y solares, vertimos la Gracia Divina del Divino Padre/Madre Creador/Creadora sobre cada uno de los que habéis elegido vivir la gran aventura de la Ascensión, cogiéndoos de la mano y trabajando para conseguir vuestra liberación y armonización física, mental, emocional y espiritual.

En efecto, os entregamos estas herramientas que llamamos Sô con toda nuestra confianza. Son sagradas e inalterables. Ninguna distorsión podrá cambiar o destruir la energía que llevan. Son imágenes vivas, no inertes. Utilizadlas con fe y respeto. En caso de tener una necesidad en particular, llamadnos y visualizad el Sô, integradlo en vosotros mismos. Esperad, en el espacio sagrado de vuestro corazón, a nuestra presencia y nuestro mensaje. Sentid cómo nuestras vibraciones os envuelven completamente. Tened por segura nuestra activación energética en vosotros. No olvidéis que el éxito de nuestra cooperación es vuestra participación activa y responsable de la transformación.

Desde el Gran Sol Central y desde Shambhala, ha sido decretado desde el principio de este nuevo milenio que cada ser humano tenga todas las herramientas necesarias para su ascensión. Seréis cada uno de vosotros los que tengáis que elegir con vuestro corazón de entre todo lo que os propondremos, y saber discernir junto a vuestro Ser Interior Divino lo que realmente os conviene. Los Sô forman parte de estas nuevas herramientas. Algunos de estos Sô trabajan también por la transformación del planeta Tierra. Seréis guiados por vuestra Presencia Yo Soy sobre la manera de utilizarlos durante sus meditaciones y períodos de cuidados individuales.

Podréis asimismo, si ya trabajáis en armonización cerca de vuestros hermanos y hermanas humanos y por el planeta (Reiki y otros métodos semejantes), volveros iniciados de los Sô. Sólo si esto está en concordancia con el Plan Divino de vuestra alma.

Las informaciones que hemos dado a los autores no pretenden ser las únicas enseñanzas a propósito de cada Sô. Cada uno de los que uséis en la intimidad, con el Maestro o el Arcángel, os ofrecerá la posibilidad de experimentar nuevas experiencias y nuevos datos energéticos y vibratorios durante el instante presente. Así podréis contribuir al enriquecimiento de los conocimientos si vuestro destino es trabajar seriamente con estos Sô.

Os agradecemos que hayáis contestado a la llamada de vuestra alma. Escuchad cómo os transmite todas las directrices necesarias para el progreso espiritual. Es en el espacio sagrado del corazón que su voz es oída. Dejaos impregnar por su luz y por su amor. Dejad que os abra todas las puertas de vuestro corazón y de vuestra conciencia. ¡Dejad que os ame! Y dejad que nosotros os amemos, y que trabajemos con vosotros por vuestra salud y bienestar.

Recibid todo nuestro amor y nuestras bendiciones.

La Jerarquía Espiritual del Universo.
Recibido por Célestine
Montreal, 29 de septiembre de 2004.

Introducción

Soy Zeón, Maestro solar del sagrado Fuego Crístico del Gran Sol Central. Os doy la bienvenida a estas páginas en las cuales, por la primera vez, me puedo expresar al gran público por medio de un libro. Encarno este Fuego maravilloso que despierta en vosotros al Ser Crístico. Soy el Fuego de la Vida, el Fuego de la Fe y el Fuego de su Fuente Divina.

Tengo el inmenso privilegio de ofreceros estas muy cordiales palabras de bienvenida. En efecto, me corresponde ser el portavoz de la Jerarquía Espiritual en esta introducción. Me satisface poder comunicarme con vosotros en este mismo momento. Sí, ya que al leer estas palabras podéis, si lo deseáis, sentir todo mi amor. Estoy aquí, a vuestro lado. ¿Podéis sentirme como yo os siento?

Este libro es único y maravilloso. Nosotros, desde la Jerarquía Espiritual, bajo la opinión del Consejo de la Ascensión de la Tierra, os ofrecemos este libro de energía de curación que llamamos Sô. Hemos comisionado a los Maestros Sanat Kumara, Maitreya y a los Arcángeles para supervisar la creación física de este libro. Asimismo, gracias a su colaboración estas herramientas maravillosas de armonización están ahora disponibles para todos sobre este planeta. Queremos agradecérselo con todo nuestro corazón. Asimismo, no queremos olvidar a los intermediarios terrestres, los autores, en quien hemos depositado toda nuestra confianza y nuestro amor. Mil gracias a todos.

Los Sô, o si lo preferís en vuestro idioma, «Sellos de Vida», son unas energías de curación muy particulares. En primer lugar, porque estas energías se transmiten a través de imágenes y de mantras. Estas energías son de lo más diversas. Por primera vez en la historia, decenas de Maestros de Luz se han reunido para ofreceros un Sô de curación. Al final de este recorrido en el cual Urantia-Gaia debe superar con vosotros las dimensiones, os ofrecemos este regalo de valor incalculable: los Sô. Os ayudarán a salvar las etapas de la Ascensión.

Cada Maestro os ha dado un Sô que corresponde a una energía en particular. Cada Sô es una condensación de energía pura. Cada Sô está especializado. Un poco como con vuestra medicina moderna: cada uno es un especialista y todos son autónomos e interdependientes. Hemos querido daros un método simple para que podáis volver hacia la Luz que hay en vosotros, para que os reencontréis con el amor que dormita en vosotros y finalmente para hacer resurgir al Cristo que hay en vosotros. Dejad que os ayudemos a volver hacia el Gran Sol Central, hacia el Padre/Madre Creador/Creadora.

Hace tiempo que esperamos el momento adecuado para ofreceros este documento. El momento de vuestro retorno ha llegado. Estamos aquí, de nuevo, para tenderos nuestra mano. Así pues, aquí tenéis un libro que agrupa distintas energías de este universo. No era posible añadir más energías… ¡este libro no podría albergarlas! ¿Sentís la energía que emana de este texto? Este volumen es extraordinario. Es nuestro saber, nuestro don y nuestro amor. Sí, este libro es amor, paz, perdón y armonía. Dejaos penetrar por estas nuevas energías. Sed abiertos y receptivos.

Esta obra, donde cada uno de los Maestros de la Luz ha ofrecido una parte de sí mismo, está a vuestro alcance. Todo lo que hay en su interior está también en vosotros. Nada de lo que hay en estas páginas está fuera de vosotros. Todo está en vosotros. Simplemente abrid vuestro corazón, todo está allí. Este libro no es más que un recordatorio, ya que todo está en vosotros, en vuestra memoria y en vuestro espíritu.

Los velos del olvido os rodean. Poco a poco, permitid que esos velos desaparezcan. Gracias a vuestra acogida de esas energías la luz saldrá de vosotros y emanará a vuestro alrededor como antaño, en vosotros y por encima de vosotros. Ahora bien, la paz, la salud y el amor serán vuestros como siempre lo han sido.

Los Sô son simples, fáciles y eficaces. No tenéis nada que saber. Todo está aquí, entre estas páginas. Toda la Luz que necesitáis en estos tiempos de la nueva era. Soy Zeón y os acompañaré, así como Maitreya, Sanat Kumara y los Arcángeles, a lo largo de esta lectura y de la aplicación de este saber. Estáis siendo llamados, ¿lo sabéis? Si habéis abierto este libro significa que vuestra alma os llama para recordar, para volver hacia vosotros mismos, hacia vuestra propia Luz. Recuerda esto: tú eres tu propio juez. No seas tu propio verdugo, sé misericordioso contigo mismo. Todo comienza con el amor: el amor incondicional por sí mismo y por la creación. Esta es pues la clave de este libro. Sí, todo conduce a este gran misterio, sin embargo tan simple, que es el amor. ¡Ámate y todas las puertas de la Creación se abrirán!

Estoy aquí para demostrarte que somos amor. Somos tus amores. Te amamos tan tierna e incondicionalmente que, a pesar de tus elecciones, estamos siempre a tu lado para tenderte nuestra mano y nuestro corazón. Han de saber que en este libro se encuentran las energías de la creación... ¿Es eso posible en un libro tan pequeño? ¿Por qué no? El Gran Creador es simple. Es vuestro espíritu el que lo ha complicado todo. ¡Vuelve hacia la simplicidad, a ver la vida como lo hace un niño, con amor y sin partirte la cabeza! Te ofrezco mi paz, ¿puedes acogerla? Abre tu corazón y observa el efecto de esta acogida. ¿Sientes el calor de mi presencia?

En este momento, os observo, os conozco y sabed que tenéis todo mi amor y mi perdón. De hecho, no necesito perdonaros porque habéis venido para experimentar la vida y además, todo es experiencia. He venido para pediros que pongáis fin a todas esas experiencias dolorosas y os volváis hacia el Amor Crístico. Por ello, os hacemos este don precioso que son los «Sellos de Vida». Acoged este regalo con respeto y sabed ser dignos de la oportunidad de amor con la cual os gratificamos en este momento. Habéis sido guiados hacia este libro, este método, no lo olvides. Así pues, actuad en consecuencia. Sed agradecidos con vosotros mismos y con los Seres de Luz que os han permitido descubrir esta clave hacia la ascensión y la libertad.

Este libro es una herramienta, entre tantas otras, para vuestra vuelta a la Fuente Central Primera. Tomad lo que creáis ser justo y dejad lo demás. No estáis obligados a tomar todo lo que hay entre estas páginas. Algunos Sô son para vosotros, y otros no resonarán en vosotros. Todo esto es correcto, sabedlo. No queremos deciros tampoco lo que debéis hacer, os daré tan sólo un consejo: escuchad a vuestro corazón. Para elegir lo que os es necesario entre todos estos Sô, sólo vuestro corazón y vuestra alma conocen las energías que necesitan, así que no leáis este libro con la mente, dejad que vuestro corazón y vuestra alma lean en su lugar. Ellos saben lo que vosotros necesitáis. Escuchad su pequeña voz interior y elegiréis siempre las energías correctas o, si lo preferís, los Sô correctos.

Desde el Gran Sol Central, soy Zeón y os ofrezco todo mi amor. Sabed que todos nosotros os amamos tiernamente, amorosamente, afectuosamente y… «¡locamente!».

Zeón, Maestro solar del sagrado Fuego Crístico del Gran Sol Central. Recibido por Doan Montreal, 15 de septiembre de 2004

El consejo de
los veinticuatro ancianos

Me enorgullece tener el honor insigne de acompañaros en este proceso de ascensión, gracias a este libro extraordinario y único en vuestro mundo. Soy Santhro, Trono y uno de los veinticuatro Ancianos que se tienen ante el Trono de Dios. Estoy con vosotros durante estos momentos decisivos de vuestra evolución y es grande la felicidad con la que hemos autorizado la redacción y la difusión en el mundo de esta obra de sanación.

Me acompañan en este libro un gran número de mis Hermanos y Hermanas de Luz, empezando por Sanat Kumara, Maitreya y los Arcángeles que han supervisado la transmisión de esta Sabiduría Universal. Una multitud de Seres de Luz también han aceptado la participación en este libro. Al pasar las páginas de esta obra descubriréis Grandes Seres de Luz, algunos de los cuales desconocíais. Estad abiertos a estos «nuevos Hermanos», estos Seres representan una nueva vía, otra clave hacia vuestro regreso «a casa». Sabed acoger sus energías.

Nosotros, los veinticuatro Ancianos, hemos permitido la difusión de estas informaciones sobre Urantia-Gaia a fin de ayudaros a encontraros mejor a vosotros mismos. En la actualidad, habéis sido muchos los que nos habéis pedido ayuda, un socorro en este período difícil. Este libro es una respuesta a vuestras expectativas.

¡En estas páginas vais a recorrer un universo paralelo al vuestro! Sí, un universo de energía de amor y de curación. Este libro es casi un libro de «magia de amor». Ofrece todas las claves para vuestro retorno a la Luz. No tenéis más que seguir a vuestra pequeña voz interior, a vuestro Yo Soy y vuestro niño interior... ¡este libro os acercará a todos ellos! La participación de vuestro niño interior propiciará que vuestra curación o retorno sea posible. Tened la bondad de acoger la sabiduría de estas palabras con vuestro corazón de niño, ya que todo esto se dirige primero, y ante todo, a él. Todo es simple y nada es complicado. Es vuestra mente la que lo complica todo, así que dejadla de lado y simplemente leed sin reflexionar. Vuestro corazón o vuestro Yo Soy os guiará a través de estas páginas, hacia las enseñanzas que necesitáis en el instante presente.

En este libro tendréis a veces la impresión de que ciertos Sô se parecen, y tendréis razón. Sabed, sin embargo, que nada se repite y que todo es perfecto. Hay varios Sô que «resuenan» sobre notas distintas, tal y como lo hacéis cada uno de vosotros, sobre notas distintas. Así pues, ¡no os sorprendáis si encontráis unos Sô o unas energías adaptados a vosotros! Sí, sabemos quiénes sois, así que dejad que vuestro Yo Soy o vuestro corazón de niño os dirija hacia las energías que necesitáis en el aquí y en el ahora.

Los Sô... los «Sellos de Vida» son imágenes o dibujos con vibraciones muy precisas. Estas imágenes son energías concentradas. De uso sencillo, no tendréis ninguna dificultad para comprenderlas y utilizarlas. Tened confianza en nosotros... ¡y tened confianza en vosotros! ¡Las energías son inocentes! ¡Las energías son puras! Son amor y compasión. ¡Haga la prueba de lo que decimos!

Los del Consejo de los veinticuatro Ancianos no tenemos por costumbre dirigirnos a vosotros. Estamos sin embargo aquí, hablándoos, en este mismo instante. Estamos aquí, ahora, con vosotros. Sentid nuestras energías cerca de vosotros... Os acompañaremos a lo largo de vuestra marcha con los Sô. Estad seguros de ello... ¡está escrito!

Varios Maestros han dejado en el interior de este documento energías y explicaciones que les conciernen. Seguid sus consejos. Sabed también que lo que viviréis con estas energías de curación será único para cada uno de vosotros porque sois únicos. Sois una chispa de vida única que se ha encarnado sobre esta tierra para vivir una experiencia también única, no lo olvidéis. Esta es una de las razones por la cual estas energías verterán sobre vosotros un conjunto de experiencias únicas para cada uno, así que no comparéis ni los resultados ni lo que viváis. Sed también indulgentes con vosotros mismos. No es porque viviréis cosas distintas a lo que está escrito sobre estas páginas que ello es falso o malo, ¡al contrario! Ello será más bien la prueba de que esas energías son vuestras y que obran en vosotros por vuestro bien. Las energías de amor son Paz y Armonía. Se adaptan según vuestras necesidades… según vosotros. ¿No está aquí el Universo para responder a todas vuestras necesidades? ¿No es eso lo que los Sô hacen o harán por vosotros? Dejaos ir en este universo. ¡Soltad los lastres!

Sabemos que para muchos de vosotros vuestra mente es muy activa. Así pues, os pediremos que llaméis a los Maestros Hilarión, Palas Atenea o Djwhal Khul a fin de que os ayuden a mantener la calma en vosotros durante vuestro estudio y vuestras meditaciones con los Sô. Sed pacientes, ya que la paz interior se trabaja y pide un esfuerzo elevado. Esto lo sabemos desde hace lustros… ¿y vosotros? Sed pues, una vez más, indulgentes con vosotros mismos. Sí, estamos aquí con vosotros en esta gran aventura que es la evolución. Así pues, permitíos el error. Permitíos avanzar a vuestro ritmo y según vuestras necesidades… ¡según vuestros corazones! ¡Seremos pacientes, sabedlo! No hay una carrera, sólo un impulso de evolución. Un paso más se andará, así pues, que no cunda el pánico a causa del tiempo o de los resultados, ¿de acuerdo?

Os amamos tan tierna y afectuosamente que os dirigimos personalmente estas palabras en Nombre de la Santa Presencia Divina en el Centro de Todo. Queremos que Su Palabra pueda calar más hondo en vosotros. Este libro os da todas las claves para abrir el sistema de radio que os permite comunicar con el Universo entero, incluida la Fuente de las Fuentes: Dios Padre/Madre Creador/Creadora. Dejaos convencer y abrid vuestro emisor-receptor... fructificar con más fuerza estas páginas y dejaos llevar por las energías que contiene este libro. Estamos con vosotros todo el tiempo, no lo olvidéis.

Nosotros no os hemos olvidado... ¿Acaso no estamos aquí, con vosotros, en este mismo momento?

Soy Santhro
Trono y uno de los veinticuatro Ancianos

Recibido por Donald-Doan
Montreal, el 20 de octubre del 2004

¡La experiencia!

... Por Jacqueline-Célestine

Mi función principal estaba más bien en la recepción de las informaciones. Ello pedía mucha confianza, así como dejar ir mi ser hacia el Arcángel y hacia el Maestro, que venían hacia mí para canalizar correctamente su energía y su vibración. Naturalmente, yo tenía que comprobar el cambio que aportaría el Sello. Me doy cuenta, con el tiempo, de que este proceso de comprobación no se acabará nunca, científicamente hablando, porque vivimos y viviremos frecuentes cambios vibratorios y energéticos que provienen directamente del Gran Sol Central. Influencian la energía vibratoria de los Sô y la forma de trabajar con ellos. Los Sô actúan tanto sobre todos los sistemas de nuestro cuerpo físico como sobre nuestros cuerpos mental, etéreo, emocional y espiritual, sin olvidar nuestra aura. Ello me obliga a escuchar más al Maestro o al Arcángel, que vienen a mí para efectuar el trabajo y para traer, gracias a mi participación activa, los cambios adecuados. Esto me ha enseñado a estar más atenta en mi práctica de cuidados energéticos, a convertirme en el receptáculo de la energía de los Sellos y a ser su difusora, resumiendo, a volverme canal de amor y de armonización para la Fuente Divina a través de este Maestro o este Arcángel que vienen a mí. ¡Un verdadero trabajo en equipo!

Por la mañana, cuando me levanto, después de mi meditación, elijo un Sello y lo paso directamente a mi chakra coronal, visualizo su descenso hacia todos mis chakras y mis cuerpos a fin de armonizarme mejor y efectuar el trabajo energético que necesito.

Los Sellos han transformado mi vida y han añadido valor a mi formación de cuidados energéticos. Me han enseñado a estar mejor en el espacio sagrado de mi corazón y a escuchar mi alma, a unirme con mi Presencia Yo Soy, Célestine, a mirar lo que soy, a perdonarme, a perdonar a los demás, a liberarme de las heridas interiores, a comprender y a escuchar lo que me decía mi cuerpo. He podido disminuir hasta un 80 por 100 mis alergias. Ya casi no tengo problemas de estómago. He empezado a vivir con más felicidad y armonía interior y a no quedarme en los esquemas de víctima. He aprendido a quererme tal y como soy, a reconocer mejor mis fuerzas y mis debilidades y a trabajar por mi mejora física, mental, emocional y espiritual. He aprendido también a estar en mi verdad. He podido notar mejoras y estabilizaciones energéticas y vibratorias más eficaces.

Ha habido momentos difíciles de integración energética de los Sô para la redacción del libro. De los siete últimos Sellos que Donald y Mélanie habían recibido, yo no recibí información alguna durante un período de cuatro meses. Comenzaba incluso a dudar de mí misma, de mi trabajo, de este trabajo. Y eso causó tristeza a mis compañeros de equipo e incluso tensiones entre nosotros. Pero, el día en el cual comencé a alejarme, el Arcángel Mikael me hizo comprender que era un período de pausa permitido a fin de comprender mejor lo que ya había experimentado, y para afianzar mi relación con algunos nuevos maestros como Zeón y Maitreya. Fue también un importante período de problemáticas para descubrir, profundizar en mi identidad espiritual, en ciertos aspectos de mi misión sobre la tierra y reafirmar, a continuación, mi compromiso con este proyecto junto a Shambhala.

Quiero dar las gracias a Mélanie Dubé y a Marie-Denise Duval por su magnífico trabajo artístico sobre los Sellos y su comprensión. Gracias a Donald por haberme enseñado a ser yo misma y a aceptar lo que soy sin más. Gracias a los tres por vuestra paciencia y por vuestro apoyo durante los momentos difíciles. También doy las gracias a todas las personas que amablemente han experimentado los Sellos durante mis sesiones de cuidados energéticos.

Quiero tomar un momento para dar las gracias a los Maestros y a los Ángeles, a toda la Jerarquía Espiritual de nuestro universo, así como a la *Sofía,* que supervisan este trabajo, ya que es su trabajo. No somos más que sus emisarios entre tantos otros.

… por Donald-Doan

Los Sô llegaron a mi vida inesperadamente, cuando esta a penas comenzaba a despegar… Estaba aún en mis inicios en el mundo del *New Age*, de la meditación y sobre todo de la canalización/*channeling*. Recibir mensajes no era tarea fácil para mí durante este período de mi vida. Así pues, imaginad lo sorprendente de esta noticia: «Va a escribir un libro sobre la curación. Un libro con imágenes.» Estaba completamente estupefacto, aturdido. ¡Y no era el único!

Este libro ha sido escrito durante un largo período de tiempo, más de un año, sembrado de pausas, de dudas, de consuelo y de puestas en entredicho. Sí, fue agotador para todos nosotros. Recibimos los dibujos de los Maestros y, más tarde, su significado, y finalmente tuvimos que experimentarlos durante varios meses antes de escribir estas páginas. Sin importar todo ello, heme aquí en el medio de una extraordinaria aventura. Desde finales del año 2002, he seguido el juego lo mejor que he podido y lo mejor que he sabido. ¿Sabéis?, en la vida andamos tanteando por los pasillos del destino y en ese instante, tuve la impresión de, finalmente, abrir los ojos. Descubrí con Mélanie una nueva dimensión de compasión y de amor. Nuestra relación se fortaleció por esa unión temporal durante la cual, juntos, recibimos los Sô (dibujos). Al principio habíamos previsto reunirnos semanalmente. Como os imaginaréis, eso no duró. ¡Lo que tan sólo debía llevarnos dos meses nos llevó cinco! ¡Hemos tenido éxito y estamos orgullosos de ello! Lo que importa en todo este proceso es el resultado. Este libro está aquí para probarnos que su llegada no es accidental y que lo que nos une a todos es más fuerte que todo. Incluso mis relaciones con Jacqueline y Mélanie se han vuelto más sanas, más profundas, más sólidas y, sobre todo, más auténticas. *¡El amor es el único motor de nuestras vidas!* Es, al final de esta aventura epistolar, holística y espiritual, *mi conclusión*…

Desde mi llegada al universo de la espiritualidad, en el cual la verdadera libertad no es la que creemos, a menudo me he chocado contra un aprendizaje aún desconocido hasta ahora. Desde el momento en el cual entré en el mundo interior de mi corazón, todo lo que he emprendido en este ámbito ha sido extraordinario y, sobre todo, inesperado. ¡Todos los días he aprendido y aprendo aún que el universo no es tal como era el día anterior! ¡Nada es estable, y todo es movimiento! Imaginad que vivís en la incertidumbre todos los días. Hay por que darse por vencido, ¿verdad? Con los meses y los años, nos acostumbramos, dicen. Todo se vuelve normal y la libertad se vuelve cada vez más evidente. ¡Nada es fácil, pero todo es accesible!

Como soy más bien mental, el dejar ir esta «mente» no es algo fácil, ¡creedme! Incluso hoy aún no lo he conseguido. Hay alguna mejora, desde luego, así que no hay que desanimarse porque todo llega para el que sabe esperar… ¡sin espera!

¿Sabéis?, he vivido la espera. Esta espera que nos confunde a nosotros mismos y que no queremos mirar. Que preferimos ignorar. Durante mucho tiempo, he esperado a ciertos Sellos de Vida. ¡Los imaginé antes incluso de su llegada! ¡Cuánto tiempo perdido esperando! Creía que estaba dejándome ir…

Para mí, este libro representa un camino espiritual: el mío. Cuando lo miro con todas estas imágenes, veo la larga marcha que hice a fin de llegar a mi estado actual. Ahora puedo estar con mi Presencia Yo Soy y comunicarme con los Seres de Luz. Este camino está aquí, a través de cada uno de estos Sô. Mirad atentamente y veréis vosotros también la vía, el camino a seguir para llegar hasta vosotros. ¡Sí, vosotros! No existe otro camino para ir hacia la Fuente de las Fuentes. Sólo éste: vosotros mismos. La senda que representa a los Sô es la de vuestro propio interior, la que lleva primero a vuestro corazón y más tarde al Universo y hacia la Fuente de toda vida. No existe otra vía que la del interior y el corazón. Este libro es también el resumen de mi marcha, de mi vía, primero hacia mí, y luego hacia los Ángeles, los Maestros, Aluah, el Gran Sol Central y la Fuente de las Fuentes.

No dejéis que nadie os diga que vuestra luz no es luminosa. **Sois luz desde los primeros instantes de vuestra vida**, desde la primera respiración y desde que emitís el primer latido del corazón. Nadie tiene derecho a empañar la luz de otro, así que comprended bien lo siguiente: «*Sois luz porque habéis nacido de la Fuente Central Primera. Sois a la imagen del Gran Creador y Este es Luz. Os permitís, en la tierra, en este mundo lleno de rivalidad, juzgar a los demás, pero yo os digo no juzguéis. Os digo que no dejéis que los juicios de los demás os reduzcan o que os hagan creer que sois menos luminosos que otro, porque* *sólo nosotros, al otro lado del velo, podemos ver la emanación de vuestra luz. Sabed que sois hermosos, que sois la luz que inunda el universo y al resto de vuestros semejantes. Simplemente, habéis olvidado... he aquí pues una herramienta, entre tantas otras, que la Jerarquía Celeste pone a vuestra disposición. No es una panacea que pueda curar vuestra falta de agradecimiento hacia vosotros mismos, sino una herramienta poderosa que os permitirá volver hacia el Padre/Madre Dios Creador/Creadora. No rechacéis esta herramienta de evolución sólo porque no le guste a vuestro ego; intentad más bien sentirla y tomad vuestra decisión: vuelvo hacia mí y hacia la Fuente Central Primera. Soy Aluah, tercer rayo del Espíritu Santo».*

Bonito discurso, ¿verdad? Estas palabras de Aluah son de lo más ciertas. Y, por cierto, ¿quién es Aluah? ¿Qué es el tercer rayo del Espíritu Santo? *Simplemente es el pensamiento del Gran Creador.* Es la mayor manifestación del Espíritu Santo que podamos recibir en este momento sobre este planeta. Este Gran Ser de Luz reside en el Gran Sol Central en compañía de Krom y de Zeón.

En este libro, el Gran Sol Central ofrece algunos Sô a fin de ayudarnos mejor a crecer y a superar las siguientes etapas de nuestra evolución. Estas energías han sido para mí muy reveladoras y, sobre todo, muy eficaces en mi marcha hacia la Fuente Central Primera como tan ciertamente lo dice mi amigo Aluah. Todos hemos nacido de esta Fuente de las Fuentes y algunas herramientas de evolución resuenan mejor que otras. Para mí, estos Sô son claves constructivas extraordinarias. Gracias a ellas, he dado saltos prodigiosos en menos de un año. Por supuesto, esto es muy personal, y como no he conocido camino sin los Sellos de Vida, me resulta difícil comentar mi porvenir sin ellos. Sin embargo, puedo afirmar que estas energías están en la base de mi éxito y de mi vuelta hacia la Luz.

¡Hoy puedo mirar tras de mí y decir sin duda alguna que estos dibujos son más que vibratorios porque son «vida»! Son como Yo soy. He crecido en un ambiente vibratorio muy particular a través de ellos. Cada uno de los Sô aporta una clave y una energía propias que me han ofrecido una puerta de salida en el momento en el cual más lo necesitaba. Cuando me sentía vulnerable, el Sô del Arcángel Mikael me volvía a dar un aplomo inesperado. Todos estos símbolos son catalizadores poderosos de energías cósmica, telúrica, atómica, subatómica y mucho más...

Los Sô están aquí para ayudaros como me han ayudado a mí hasta ahora. ¡Todo es energía y estas energías son unas verdaderas pastillas de amor concentrado! Dejaos mecer por su saber y sus energías luminosas. Comprobaréis los cambios vosotros mismos. No hay necesidad de forzaros y de obligaros a una disciplina férrea, todo ocurre suavemente sin la menor salpicadura...bueno, ¡casi! A veces es difícil dejarse ir y ello provoca una rebelión por vuestra parte. Tomad consciencia de vuestros comportamientos y de vuestras actitudes y comprenderéis mejor lo que ocurre en vosotros y a vuestro alrededor. No podéis cambiar sin que vuestro entorno se adapte a ello. ¡Pensad en ello! Si sois más amor, vuestro entorno reaccionará. Es normal. Sois como una bombilla que es encendida: cuanta más luz emitáis, más la luz se dispersará alrededor de vosotros. A algunos les gustará y a otros menos. Como en pleno verano, hay gente a quien le gusta el calor y a otros no. Respetémoslo...

Los cambios se harán en vosotros lenta y gradualmente. Nada se producirá más rápido de lo que sois capaces de aceptar. Me ha tomado más de un año aceptar este crecimiento y a mi colega Jacqueline-Célestine le ha llevado menos de tres meses hacer el mismo salto energético... ¿Qué es eso? Es el proceso normal de la evolución. Cada uno a su ritmo, eso es todo.

Los cambios que aportan los Sô son unas veces tangibles, otras, sutiles. A veces, debemos tomar perspectiva para ver y comprender todo lo que ha sido hecho desde el principio de nuestro aprendizaje con ellos. Por mi parte, puedo afirmar que tras cuatro años he descubierto recientemente que los Sô han transformado mi enfoque a la hora de los cuidados y de toda mi forma de trabajar con el Tarot. Ello me ha conducido a una mejor interpretación de las energías provenientes de este soporte. Mi visión está ahora más afinada y más justa...en fin, ¡según mi entorno, ciertos clientes míos y yo misma! Gracias a los Sô, he descubierto nuevas pistas y un talento escondido hasta ahora: la enseñanza del Tarot. Conozco mejor mi propia «verdad» y cada día mi luz está más presente en mí. Además, vivo mi «verdad» más intensamente que ayer...Os invito pues a seguir vuestro camino y a experimentar vuestra «verdad», vuestra luz...

¡Que se manifieste el poder de vuestro ser divino! Que este libro sea una clave hacia la apertura de vuestra conciencia y de vuestra evolución. Que sea así, como lo fue para mí.

Dejaos ir hacia las energías de los Sô... Ahora son vuestras.

Con amor...

La meditación de los Sô

Ha llegado el momento de experimentar con los Sô. Una forma simple y eficaz de hacerlo os será transmitida a lo largo de este capítulo. No tengáis ningún miedo, porque todo se hace suavemente, a vuestro ritmo y, sobre todo, según vuestra capacidad de absorción de las energías. Así pues, no hay carrera contrarreloj o precipitación alguna... Dejaos ir a lo largo de vuestro propio camino... Si este método no os conviene, entonces experimentad vuestro propio método de meditación.

Cada uno de los Maestros ha propuesto un Sô –una energía– de curación, según sus elecciones y sus deseos. Sin embargo, a veces, los Maestros han ofrecido un Sô que no se les parece según la «tradición esotérica», ¡pues eso no importa! Las energías se mueven... todo se mueve, incluso sus energías. Nadie está limitado... ¡y menos aún los Maestros de Luz!

Tomaos el tiempo para mirar, para meditar y para sentir los Sô, uno por uno. Es preferible que tengáis la sabiduría de tomar uno solo al día, como máximo, porque debéis tomaros el tiempo de integrar las energías y de comprender lo que pasa en vosotros antes de pasar a otro. La conciencia, sí, la conciencia es la clave de todo. La intención pura es la primera regla, desde luego, pero tener *una toma de conciencia es la segunda*. Sí, ¿no es mejor conocer nuestra existencia para cambiar un comportamiento? Admitir este comportamiento antes de considerar el cambio, ¿no es ello la base del éxito? ¿Cómo podemos cambiar lo que no conocemos? Así pues, la toma de conciencia es también muy importante en

Procedimiento de meditación y escogencia del Sô

este proceso de curación profunda. La meditación de los Sô os abre esta vía extraordinaria de cambio.

Para beneficiaros de las energías de los Sô, debéis llamar al Maestro que corresponde. A continuación, no tenéis más que visualizar el dibujo a la vez que repetís tres veces el mantra (el nombre) del Sô que deseáis. Después, haced un vacío, vedlo bajar en vuestro canal de luz a partir de vuestro chakra coronal y observad en vosotros lo que ocurre: las sensaciones, los olores, los colores, las formas, etc. Todo ello será vuestra respuesta, o más bien el principio de vuestra armonización y de vuestras tomas de conciencia. Esto os llevará a veces a una introspección muy beneficiosa. Olvidad todo el resto y concentraos en resolver un solo problema cada vez. Correr no sirve de nada…

Hay que apuntar que no podéis tener una sobredosis de energía de los Sô. Sin embargo, vuestra capacidad de acoger las energías ha de ser respetada si queréis tomaros el tiempo de curaros profundamente. Sabed también que debéis elegir los Sô según vuestro corazón y no según vuestra cabeza. Sabemos que vuestra lógica os aconsejará, para un problema, un Sô particular y que vuestro corazón se inclinará por otro… elegid siempre a vuestro corazón porque este conoce mejor que vuestra cabeza las causas reales de vuestro problema y, por ende, su solución. Dejad que vuestro Yo Soy o vuestro corazón tome el mando de estas elecciones de amor… ¡sí, de amor! Porque se trata de amor, de amor por uno mismo. Sed conscientes de que es por amor a vosotros mismos que leéis estas líneas, y no para complacer a vuestro vecino. Pensad en vuestra salud y en vuestra vuelta a la Fuente porque nadie más a parte de vosotros lo hará en vuestro lugar. Amaos… Acogeos… Perdonaos… ¡Concedeos este derecho, os pertenece! Tenéis derecho a ello.

Este libro encierra una sabiduría inaudita: una magia de Luz. Sabed abrir vuestro corazón a esta increíble fórmula. Sed indulgentes hacia vosotros mismos. A veces es difícil conseguir una meditación perfecta. Puede que los resultados o las sensaciones estén ausentes, pero eso no es grave. Sabed sólo esto: siempre ocurre algo. Olvidad todo lo demás y tened fe en el éxito. Tened confianza en nosotros porque tenemos confianza en vosotros.

También podéis trabajar específicamente con un Sô en vuestros chakras, los cuerpos sutiles (etéreo, emocional, mental, astral, causal), vuestra aura, vuestros meridianos, todos los sistemas/órganos/tejidos/células de vuestro cuerpo físico.

Para ayudaros, si sentís la necesidad de ello, os presentamos una fórmula de meditación que podéis modificar según vuestras preferencias. También podéis ignorarla, esto es para vosotros y os pertenece. No os juzgamos de forma alguna. Somos conscientes de que para algunos este método puede ser útil y que, a otros, al contrario, esto puede no convenirles. Dejad que, de nuevo, os guíe vuestro corazón con esta elección. Os proponemos que lo hagáis para cada uno de los Sô de este libro. No es necesario repetir varias veces una meditación para beneficiarse de las virtudes; sólo dejad que vuestro corazón sugiera los Sellos de Vida que tendríais que visitar, o volver a visitar, a lo largo de vuestras próximas meditaciones.

Primero, elegid un Sô que os inspire o que os atraiga.

Comprendedlo, para que una meditación sea realmente eficaz, hay que «anclarse» correctamente a la Tierra-Madre y al Cielo. Entonces, prestad una atención particular a vuestras raíces desde el principio: ¡pasaréis un momento maravilloso! Si sentís la necesidad, podéis apelar al Arcángel Sandalfón para ayudaros a enraizaros.

Sentaos confortablemente, con la espalda recta y vuestros pies apoyados sobre el suelo y no cruzados. Las palmas de las manos, giradas hacia el cielo, descansan sobre vuestras rodillas (o vuestros muslos). Notad también que estaría bien tener la costumbre de respirar con el vientre... tres grandes inspiraciones y espiraciones antes de comenzar. Para respirar con el vientre basta introducir el aire directamente al fondo de vuestros pulmones (vientre) y no en el pecho. Vuestro vientre se hinchará bajo el impulso de la inspiración, y luego espiráis suave y lentamente.

Concentraos en vuestro corazón, en lo más profundo de vuestro ser. Imaginad grandes raíces rojas saliendo de todos vuestros chakras, que descienden a lo largo de vuestro cuerpo y de las piernas a los pies. De allí, traspasan el suelo y penetran profundamente en la tierra. Descienden a través de las capas terrestres hasta el núcleo cristalino de la tierra para clavarse en él sólidamente. Visualizad una energía dorada, proveniente del núcleo terrestre, que sube a lo largo de vuestras raíces hasta el chakra de la base... Esta energía ilumina este chakra; después continúa su camino hasta el Hara (ombligo), pasa por el Plexo Solar y alcanza el chakra del corazón y al mismo iluminándolos uno tras otro.

Imaginad otras raíces rojas que salen de todos vuestros chakras y se dirigen hacia el cielo y que van a enraizarse al sol, al Gran Sol Central, al corazón de la Fuente de las Fuentes de todos los Universos. La Fuente Divina os devuelve su energía (su amor) de color oro a través de vuestras raíces penetrando en vosotros hasta el corazón, pasando por los chakras de la corona, del tercer ojo, de la garganta y, finalmente, el corazón. Esta energía ilumina cada uno de estos chakras, uno tras otro. Esta energía se une a la proveniente de la tierra en vuestro corazón y, como un torbellino, se esparce en todos los cuerpos para formar un sola energía oro y luminosa: os convertís en una bola de luz blanca dorada.

Ahora, imaginad que tomáis un ascensor para bajar a vuestro corazón. Cuando las puertas del ascensor se abren, entráis en el espacio del corazón. Centraos en vuestro corazón y ved una pirámide dorada ante vosotros. Entrad en esta pirámide (de protección). Entráis así en el templo de vuestro corazón. En el centro de la sala hay una silla de oro que lleva las energías de la quinta dimensión. Sentaos confortablemente. Dejaos llevar suavemente hacia esta dimensión. Ahora, uníos a vuestra Presencia Divina y llamad al Maestro del Sô con el cual queréis trabajar. Visualizad el Sô en vuestro chakra del corazón, dejadlo viajar en vosotros en todos vuestros chakras, vuestros cuerpos sutiles, vuestra aura... Meditad sobre el Sô, hablad al Maestro de lo que os gustaría realizar con esas energías. Dejad subir en vosotros las impresiones, las emociones, las energías, los sonidos y las imágenes generadas por este Sô.

Se sugiere apuntar las impresiones de vuestra meditación sobre una hoja de papel para integrar más fácilmente las energías, las memorias, las imágenes, etc.

Si estáis acostumbrados a la meditación, podéis hacer meditaciones según vuestro método. Es importante estar cómodo...

Por otro lado, si no podéis visualizar, imaginad que ello se produce y ocurrirá. Vuestro corazón y las energías se activan con la intención del corazón y no sólo con la visualización de una imagen precisa. Sed indulgentes con vosotros mismos... ¡todo es perfecto! ¡Sólo sed honestos con vosotros mismos!

Los Sô

He aquí todos los Sô y su definición. Tomad nota de que estas explicaciones no son definitivas porque los Sô son energías evolutivas y en movimiento constante. Estas energías cambian y ofrecen siempre una perspectiva de ir hacia adelante, más lejos en la exploración de sus capacidades y de sus posibilidades... ¡Es una aventura que está al alcance de vuestras manos! Dejaos ir en este fabuloso universo que son las energías de armonización de los Sô. ¡Buen viaje!

Advertencia

Los Sô y sus energías no reemplazan de ninguna manera a la medicina actual, y son, al contrario, una ayuda inestimable. Tomad conciencia de que no debéis interrumpir o rechazar vuestros tratamientos sin el consentimiento de vuestro/s médico/s. Tened prudencia.

Los mensajes de los Sô o de los Maestros que aparecen a veces al final de la descripción de un Sô son canalizados por Jacqueline-Célestine, a menos de que se mencione lo contrario.

Liberación

El Sello de Liberación es una herramienta proveniente del Gran Sol Central. Como su nombre indica, es un liberador y purificador poderoso. Su acción es inmediata.

El Sello de Liberación es muy especial, porque no está asociado a un Maestro sino, más bien, a una energía liberadora. El 7 libera. Simplemente, libera. Hace el trabajo de una mujer de la limpieza… o del Feng Shui… Limpia liberando lo que puede ser liberado en el instante presente.

El Sello de Liberación no tiene otra función que la de liberar los cuerpos de todo lo que puede ser liberado, en el momento preciso en que este es proyectado sobre los cuerpos. Puede ser utilizado, por ejemplo, durante una sesión de Reiki, no es necesario que sea utilizado solo o con otro Sello. Su acción liberadora es única. Es un regalo valioso de parte de los Maestros de Shambhala y de Sanat Kumara.

El cuerpo se libera de todo lo que es inútil: los karmas viejos y las formas-pensamientos que se adhieren a los cuerpos astral, mental, emocional o espiritual. La energía que pone en marcha este Sello es muy poderosa e inmediata. Nos libra de las ataduras y de todo lo que se ha vuelto inútil para el avance del alma en su camino hacia la siguiente etapa. Corta y libera, no construye nada. Prepara el ser en su totalidad para la llegada de los demás Sellos o de un tratamiento de energía… O simplemente nos franquea.

El Sello purifica el cuerpo físico, los órganos vitales, los alimentos, el agua, los objetos, una sala, un lugar, una casa… llevando allí una nueva energía y una vibración de amor y de luz. Ayuda a deshacer los nudos energéticos en nuestros cuerpos sutiles, así como a descristalizar los chakras. Abre el chakra del corazón deshaciendo y soltando todas las armaduras, caparazones, candados, verjas que hemos construido para evitar su apertura. ¡Su poder echa a las tinieblas y a la sombra con una eficacia sorprendente!

Este Sello vive aislado y puede ser combinado, o no. Actúa solo, o no, según vuestra voluntad… o más bien según vuestra elección. No se impone. Simplemente es. *Por lo demás, ningún Sello puede imponerse*; se necesita el consentimiento de éste… y su eficacia depende también de éste, porque si sólo acepta una liberación parcial, el 7 no hará más que eso… respetarnos. Haced lo mismo.

El Sello de Liberación puede ser seguido por el Reiki o por símbolos del Gran Sol Central (la espiral violeta y la llave violeta, por ejemplo) para desbloquearnos durante las situaciones duras, difíciles, y acelerar el proceso de liberación y de armonización de los cuerpos, del espíritu y del alma. Estos símbolos impregnan de luz blanca dorada y violeta todo lo que tocan.

Afra

Afra significa «hermano». Afra es uno de los primeros Maestros Ascendidos de los primeros años de la tierra. Era un noble africano, guardián e instructor de la Triple Llama sagrada del corazón.

El Sello de Afra activa la triple llama (azul, dorado y rosa) y sus conocimientos en nuestro corazón. Nos aporta Bendiciones Divinas de abundancia espiritual. El Sello de Afra es un unificador del corazón, del cuerpo, del alma y del espíritu. Nos une con el Divino en sí y con el amor puro. Desarrollamos las nociones de fraternidad, de unidad, de respeto en su sentido más noble.

El Sello de Afra nos enseña a amar, a aceptar y amar todos los aspectos de nuestro ser y a amar y aceptar a nuestros hermanos humanos, sea cual sea la raza, la religión o la cultura, con respeto a la diferencia y al Amor Divino. Nos enseña la sensibilidad fraternal, la solidaridad en el amor, abriendo nuestro corazón a la Divina Perfección de Dios en todo y en todas partes.

Afra nos ayuda a elevarnos en el amor porque forma parte de los Guardianes de la Triple Llama y del Amor Infinito de nuestro Universo. Con su Sello, cura las profundas heridas raciales, interraciales de la humanidad en todos los continentes porque todos somos Criaturas Divinas en la diversidad del Amor del Creador. Es un buen antídoto contra el odio del otro, el orgullo, el etnocentrismo y cualquier tipo de prejuicio.

Ajenatón

El Sello de Ajenatón es una energía de unidad solar, de rectitud de todo lo que es. Es un puente entre el cielo y la tierra, la materia y la antimateria, lo infinitamente pequeño y lo infinitamente grande, la felicidad y la tristeza, la inteligencia y las emociones, el presente y el pasado... *una mirada hacia el pasado... hacia el futuro. «En una palabra: Soy la Palabra Unificada».*

La energía de este Sello aporta una felicidad y una solicitud hacia uno mismo y hacia los demás. Vuelve a dinamizar el chakra del corazón estimulando al mismo tiempo el chakra del Plexo Solar, puerta de entrada de la energía solar. Calma y limpia el chakra del Plexo Solar por su sola irradiación. El Sello de Ajenatón hace descender un rayo de energía directamente sobre el Plexo Solar antes de inundar todo el resto del cuerpo y los demás chakras. Es pues el equilibrio de las energías solares.

El Sello de Ajenatón es también la energía precursora a la realización de su propia Merkabah y a la apertura hacia la interdimensionalidad. Esta energía, o más bien esta apertura, es necesaria para alcanzar el estado de Ascensión. Este Sello permite empezar el proceso y llevarlo a cabo con éxito.

Este Sello es también un regulador de los fluidos. Actúa directamente sobre todos los conductores y reguladores de energía en el cuerpo, como la sangre, la linfa, la saliva, la transpiración, la vejiga, el sistema digestivo, etc. Sin el buen funcionamiento de todos estos fluidos, ¿cómo podría gestionar el cuerpo correctamente el proceso de Ascensión? ¿Cómo podrían circular las energías correctamente? *Este Sello es pues una unión entre los fluidos corporales y la energía solar.*

Además, el Sello de Ajenatón es una clave que da acceso a los recuerdos enterrados muy profundamente en el interior de nosotros mismos. Asociado con la energía de María/Isis, el despertar de los recuerdos profundos se programa. Un despertar del saber, escondido en el fondo de nuestras células, está entonces al alcance de nuestro ser consciente. Estos recuerdos vuelven a la superficie en el mejor momento: si no son solicitados, no conoceréis su existencia. Es un poco como el instinto paterno: ignoramos todo conocimiento relacionado con los niños mientras que no nos hayamos enfrentado con este y sobre todo con nuestros propios niños. ¿Quién nos enseña a ser padres? ¡Nadie! Somos nosotros quienes lo descubrimos de forma casi innata... Sucede lo mismo con nuestros recuerdos enterrados...

Este Sello es la rectitud, la consolidación de todo lo que es creado y de todo lo que es. Es la firmeza y la fe que permiten avanzar.

Aporto la unidad en vosotros con vuestro Yo Soy y con el Divino Creador. Os enseño a uniros con vuestro Yo Divino Sagrado y a ser uno solo.

Os aporto conocimientos del corazón, del Sol Divino. Purifico vuestras formas-pensamientos limitativas que os separan de Dios.

Os enseño a convertiros en pilares de luz, a acoger las energías crísticas, a integrarlas y a transmitirlas a la Madre Tierra. Resplandeced con vuestra Luz y ancladla a la Tierra.

Abro vuestra conciencia a lo infinitamente grande y a lo infinitamente pequeño, al Alfa y al Omega. Os conecto con vuestra Esencia Divina y con vuestros cuerpos espirituales a fin de convertiros en Hijos e Hijas de la Luz en todo momento.

Aporto discernimiento en la elección y la aplicación de los ejercicios, rituales o iniciaciones que os son propuestas para vuestra vida espiritual cotidiana. Aprended a discernir lo que resuena realmente en vuestro corazón, en vuestra alma. Interiorizaos, interrogaos en vuestro corazón y no en el exterior. Vosotros, los Trabajadores de Luz, tendéis mucho a mirar hacia el exterior de vosotros y no en vosotros para encontrar las respuestas, consultando a una tercera persona o cualquier método que se volverá obsoleto en la era de Acuario. Dejad de dar vuestro poder con métodos externos o a otros. ¿No habéis comprendido que tenéis **todas las respuestas en vosotros mismos**?

Os aporto el sostén necesario para todas las etapas iniciadoras de vuestra marcha espiritual.

Llamadme y vendré a enseñaros.

Namasté
Ajenatón, Maestro de Luz en la Conciencia Crística

Aluah

El Sello de Aluah es una energía de revitalización. Simula las glándulas pineal y pituitaria, el puente de Varolio así como el «córtex luminoso». Este Sello influye sobre la visión interior y la abundancia de energía divina recibida. Palía la contaminación atmosférica: *«Soy el viento entre los vientos, el soplo entre los soplos... Aluah»*.

La energía de color azul-malva es muy poderosa; es utilizada como un desfibrilador cardíaco... en el momento en el que necesitamos una dosis masiva de energía que nos permita continuar avanzando, físicamente o en otros niveles vibratorios. Esta energía es una concentración de luz proveniente del Gran Sol Central y pide a todas nuestras células biológicas que vuelvan a la Luz, que se reconecten a la Fuente de las Fuentes, al Uno. Se trata de una formidable «fórmula energética a toda prueba». ¡Esta energía «decapa»!

Esta energía es muy eficaz después de una operación (o incluso durante): los tejidos se regeneran más rápido y los dolores son mucho más fáciles de soportar. Las depresiones se viven también con menos amargura... ¡este Sello las hace desaparecer! Reequilibra la armonía general y permite la llegada de las otras energías o rayos del cosmos y de la Tierra-Madre Urantia-Gaïa. Arraiga vuestras energías en la tierra…

Cubre vuestros cuerpos con una protección única contra la sombra: es una especie de símbolo sobre vuestros cuerpos de pertenencia a la Luz indeleble. ¡Estáis entonces en buenas manos!

Hijos bendecidos del Padre y de la Madre de los Cielos, soy Aluah, Maestro del rayo de amor del Espíritu Santo en el Gran Sol Central. Mi nombre lleva la vibración de los nombres de Dios y el del Espíritu Santo en los antiguos idiomas sagrados. Contracción Al *sacada del arameo antiguo, del árabe y del* El *en hebreo: divino, dios; contracción* Uah *que viene de la palabra* Ruah, *que quiere decir en hebreo «Espíritu Santo». He elegido el símbolo* A *para* Aleph *(el ser hebraico) que quiere decir «unidad», «uno». Así pues, lleváis la Unidad en vosotros: Uno con el Espíritu Divino, Uno con el Cristo Interior, Uno con vuestra Presencia Divina, Uno con vuestra alma, Uno con el Divino Creador.*

Soy un rayo de amor de la Shekinah. Llevo conmigo toda su irradiación, su amor, su luz, su plenitud y sus frutos. Me acompañan Sofía, Madre de la Sabiduría Universal, Reina de las Estrellas y de los Universos. Las energías de curación con este Sello son las del Espíritu Santo, de Alfa y de Omega.

El objetivo de este Sello es: aclarar la vía de cada uno, aclarar el corazón, aclarar el espíritu y ver en cada uno al Ser de Luz como Hijo e Hija de la Creación Universal. Calmo el espíritu, el corazón y el alma en un mar de Luz Divina y de Silencio Sagrado. Reconecto vuestro ser con su fuente primordial y os lleno del Amor Divino a fin de daros nuevamente seguridad y confianza, fe y Voluntad Divina. Desarrollo en vosotros todos los frutos del Espíritu

Santo: el discernimiento, la caridad, la fuerza, la confianza, la paz, la alegría, la paciencia, la perseverancia, la misericordia, la dulzura, la armonía, la bondad, la longanimidad, la mansedumbre, la fe, la humildad, la sabiduría, la compasión, el servicio desinteresado, el dominio de uno mismo.

Con mi Sello bendigo vuestras casas, vuestros proyectos, a todos aquellos a los que amáis y todo lo que me presentaréis con fe y amor. Con mi Sello alejo a las tinieblas en vosotros y alrededor de vosotros y en los lugares en los cuales ponéis mi Sello, combinadlo con el Sello de los Arcángeles, del Arcángel Miguel, del Arcángel Metatrón, y de Zeón. Sacáis de ello grandes beneficios y bendiciones.

Recibid el Soplo Divino del Espíritu Santo como los discípulos durante el Pentecostés. Haré de vuestros días un Magnificado Eterno.

Amen, Adonaï
Aluah

Anubis

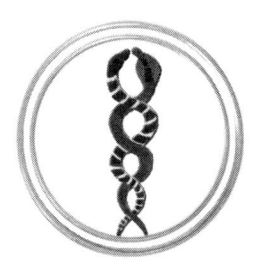

El Sello de Anubis es una energía de armonización de las glándulas endocrinas, del canal de luz además de un excelente estimulante del Puente de Varolio. Además, es el Sô de la Kundalini.

El Sello de Vida de Anubis es excelente para la circulación de las energías en el canal de luz y el tubo de luz que nos rodea. Esta energía los vuelve más cristalinos y, por ello, más claros y límpidos. Su efecto se repercute sobre el Puente de Varolio situado en el cerebro. Éste es una clave importante en la comunicación de nuestra unicidad (cuerpo-alma-espíritu) con los Seres de Luz.

Anubis remueve nuestras células dormidas desde hace ya demasiado tiempo. Controla el despertar de nuestras memorias celulares, que hasta ahora dormitaban en un letargo profundo. Las células son empujadas para que liberen, a su despertar, los múltiples atributos enterrados en el fondo de su memoria.

Este Sello abre la vía a la Kundalini y a su difusión a través del cuerpo. La energía es entonces dirigida, o ayudada en su ascenso hacia la cumbre. La energía de Anubis asegura el ascenso sin trabas de la Kundalini y su utilización adecuada por todos los chakras con los cuales se encuentra. Los chakras utilizan esta energía como un plus para ayudar a la curación de los órganos, tejidos y cuerpos de luz que dependen de ellos. Es pues importante que esta energía no se pierda en camino…

El Sello de Anubis es también un excelente limpiador para el sistema eléctrico (nervioso) de nuestros cuerpos físicos y de luz. Permite a la energía vital que nos adumbre correctamente y que alimente todos los cuerpos. Su energía es de color blanco dorado y rosa dorado.

Soy Anubis. Vengo a aportaros el Sello de la Kundalini y de la Nueva Vida en las nuevas energías crísticas de la Edad de Oro.
He sido visto como un dios de la muerte, que os acompañaba en la muerte. Consideradme ahora como un hermano que viene a acompañaros a que vosotros mismos muráis, para luego revivir mejor. Es decir, a que muera todo lo que es negativo en vosotros, vuestro ego, para vivir una vida nueva en la Luz Crística. Yo también participo en la Ascensión, no con las antiguas energías egipcias, sino con las nuevas energías del Cristo universal. Mi papel es limpiar vuestros chakras a fin de facilitar el pasaje de la Kundalini de forma suave y armoniosa, sin peligro para vosotros. Mi papel es ayudaros a depurar vuestro cuerpo de toda energía negativa y pesada. Como un médico, vengo a asistir al Arcángel Rafael para llevaros de vuelta sobre el camino de la salud. A fin de devolveros esta libertad y la Luz Divina, deshago las bandas que os tienen amarrados y cegados. Vengo para liberaros de antiguas energías cuyo lugar ha desaparecido, deslastrándoos de los bagajes de vuestras antiguas vidas que ya no sirven en ésta.

El Sello aporta equilibrio y armonía en vosotros y en todo lo que sois.

Llamadme y vendré. Como el guardián protector que fui antaño, seré vuestro guardián a fin de preservar el equilibrio y la armonía en todo en vuestra vida y vuestro cuerpo.

Con todo mi amor y en el nombre del Divino Creador,

Anubis

Arak el Grande

Arak el Grande es el Comandante jefe de la Flota Crística de Orión que está unida con la Flota del Comandante Ashtar y con el Oficio de Cristo. Toma asiento en el Alto Consejo de los Siete Sabios del Gran Consejo de Orión y como gran embajador en el Palco Blanco de Sirius y en la Federación Intergaláctica de los Mundos en Armonía de nuestro universo.

Gran Maestro de sabiduría, sacerdote de Melchizedeck, valeroso Caballero de Luz del Gran Sol Central que está en una misión en nuestra galaxia, concretamente en la constelación de Orión. De todas las edades, de todos los tiempos, es portador de luz, paz y Amor Crístico a nuestra galaxia y a todas las demás.

El Sello de Arak el Grande es un Sello de protección y de despertar de las Semillas de Estrellas unidas a la Flota Crística de nuestra galaxia y de nuestro universo. Nos une con nuestra familia estelar, sea cual sea nuestro origen. Arak el Grande nos ayuda a asumir y a integrar nuestra luz, así como a reconocer nuestros orígenes Divinos y Celestes. Nos ayuda a liberarnos de nuestras heridas galácticas y a integrar con armonía nuestra multidimensionalidad. Nos ayuda también a convertirnos en «puentes de luz y de Amor Crístico entre los mundos».

El Sello nos enseña también a despolarizar nuestro ser, a reconocer la sombra que está en nosotros para poder transmutarla mejor hacia la Luz. Nos ayuda a conocernos mejor y a vencer en todos nuestros combates difíciles a fin de llevar la unidad a nosotros. Nos aporta el amor-compasión en la escucha y en la palabra. Nos enseña a amar al otro con su diferencia y con su verdad, sin juicio. Nos enseña, pues, a quedarnos con nuestra verdad. Nos enseña asimismo a reconocer en todo a las energías y las vibraciones cósmicas, la vigilancia y el discernimiento, gracias a la alineación con nuestra Presencia Divina.

Podemos utilizar su Sello para toda limpieza de las impurezas y miasmas del ego, y también para limpiar y descristalizar el corazón cósmico (chakra corazón trasero). Sirve también para limpiar las hélices de ADN y a descristalizar los implantes y demás cristalizaciones kármicas de tiempos muy antiguos; en ese caso, puede combinarse con el Sello de Zeón y con el segundo Sello del Arcángel Rafael. Hay que sellar imperativamente el trabajo con los Sellos del Arcángel Metatrón y del Arcángel Sandalfón.

El Sello de Arak es un concentrado de rayos violeta, azul, blanco, rosa y dorado. Penetra los cuerpos y al propio individuo en profundidad, y hace el efecto de una pequeña bomba de luz en el interior de los chakras.

Cuando Arak el Grande viene, lo hace con gran dulzura y compasión por nosotros. Nos llena con su sabiduría y su luz. Además, nos presenta siempre a un miembro de nuestra Familia de Luz que esté listo para ayudarnos en nuestro desarrollo espiritual.

Aramón

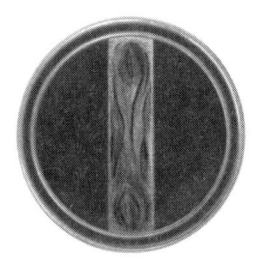

Aramón es un Maestro de Luz intraterrestre de la ciudad de Luz atlante de Cristalos, situada bajo el lago Titicaca en el Perú.

Este Maestro, con sus compañeros y los Maestros de Luz del Sol Central, tiene como función trabajar con el Fuego Sagrado Solar y alimentar y purificar la tierra con éste.

El Sello de Aramón es un iniciador de energía telúrica y cuántica.

Unido a la energía de la Madre-Tierra, a la propia Urantia-Gaia, este Sello transmite su energía vital proveniente de su corazón: el Sol de Jade... Toda la energía contenida en este Sol es así transmitida por el Sello de Aramón. Igual que los volcanes encierran una energía extraordinaria e insospechada, más especialmente durante una erupción, la energía de la Tierra es también poderosa y misteriosa.

El Sello de Aramón es pues un puente entre la energía de la Madre-Tierra alimentadora y el Universo, ya que tanto da, tanto recibe. La vida se basa en un intercambio de energía. La Tierra, Urantia-Gaia, nos ofrece su energía, y nosotros le ofrecemos toda la energía que desciende del cielo a través de nuestros cuerpos y que le es transmitida a través de nuestros chakras y de nuestras numerosas raíces. Este Sello permite un intercambio sin trabas. Es fuerza, poder, valor y fogosidad. Esta energía recorre todas nuestras vías de acceso y abre los canales a la libre circulación de la energías telúricas cósmicas.

Por supuesto, esto ayuda mucho para unirse con la Tierra permanentemente y con mejores cimientos; las meditaciones, las canalizaciones y la recepción de las energías se hacen con más apoyo. El cuerpo mismo se fortifica gracias a las nuevas energías que lo alimentan mejor y que le permiten afrontar con más fuerza las agresiones que nuestra dimensión y nosotros mismos le hacemos sufrir cotidianamente —enfermedades, heridas, comida mediocre, OGM, microondas, etc.

Sin embargo, el Sello de Aramón nos invita a purificarnos profundamente, hasta el núcleo central de nuestro ser. Entrar en el volcán para tomar un baño de fuego (de lava), es limpiar y transmutar nuestra personalidad, no en superficie, sino muy profundamente. ¡Por esta fuerza, nos convertimos en un volcán! Un fuego desciende del cielo y otro, proveniente del núcleo nuclear (del magna de fuego), de la tierra; estáis en el fuego purificador y alimenticio de la tierra y del Sol Central. Del rojo al rubí, del naranja al violeta, todos los colores del fuego pasan por él. Vosotros también...

El Sello de Aramón viene también a equilibrar el elemento fuego en nuestro cuerpo físico.

Aramón es un ser de una gran dulzura y de una gran sabiduría. Viene para ayudaros a reequilibrar la armonía en vosotros a fin de que no os dejéis atrapar por el furor del volcán de vuestro ego. Es por ello que, tras cada baño, está aconsejado sellar todos los cuerpos y los chakras con los rayos verde, azul y rosa anaranjado y terminar con el rayo blanco dorado.

Así pues, seréis empujados según vuestras necesidades, ni más ni menos, para efectuar los cambios adecuados en el momento presente.

Testimonio de Jacqueline-Célestine: «Me ha tomado tiempo comprender las consecuencias de un baño en el volcán. ¡Comprendí, tres meses más tarde, que todas las «mezclas» del ego y de la personalidad provenían de allí! Estaba de pleno en el baño del Volcán. Baño que nos despluma, quemando las «escorias» y las heridas de nuestros cuerpos mental y emocional. ¡Golpea allí donde tiene que golpear para hacer grandes tomas de conciencia existenciales! Tomar conciencia de quiénes somos. Tomar conciencia de lo que nuestro ego dirige en nuestra vida, retomar nuestro poder interior y nuestra estima de nosotros mismos. Aprender a amar con compasión y sin juicio. ¡Cuidado! Hay que ponerse en el espacio sagrado de nuestro corazón y ordenar a nuestros cuerpos emocional y mental que se queden alineados y centrados a fin de no vivir de sufrimientos inútiles. En ningún caso hay que identificarse con todas las emociones y pensamientos que van a resurgir a la superficie. Simplemente hay que reconocerlas, abrazarlas por habernos servido bien, envolverlas en una burbuja de amor de llama violeta y rosa y enviarlas al Padre Divino y a la Madre Gaia. Así seréis liberados».

Arcángeles

He aquí el Sello de los Arcángeles, *un Sello de alta protección de Amor Divino.*

El Sello de los Arcángeles es un poderoso regulador de las polaridades o energías de dualidad en vosotros y alrededor de vosotros. Estamos aquí, con vosotros, en todo momento, gracias a este símbolo altamente vibratorio, que emite una luz y una vibración que nos une a través del tiempo y del espacio. Se trata de una firma vibratoria que es depositada en vuestro corazón. Su función es esencial para el mantenimiento de nuestra protección, en todo momento.

Este Sello está aquí, en vuestro interior, a fin de ser un obstáculo para las influencias exteriores. No podemos protegeros de vosotros mismos. Todo está aquí... Todo reside en vuestra aceptación de evolucionar a vuestro ritmo y en el amor incondicional. Podemos amaros, pero no podemos reemplazar vuestro propio amor por vosotros mismos. Este último es esencial. Todo comienza con el amor por uno mismo. ¿Cómo amar a los demás si no nos amamos a nosotros mismos? Difícil... Estamos aquí para permitiros un retorno hacia vosotros mismos, hacia el amor del Gran

Todo y, evidentemente, ello incluye a vuestro propio universo: ¡vosotros!

El Amor de los Arcángeles es incondicional. Cualquier persona puede beneficiarse de este amor. La aceptación de recibir en vosotros nuestro Sello significa que nos acordáis la alegría de sosteneros en todo momento frente a la sombra y frente a vuestra incomodidad personal en la adversidad. Somos, con vosotros, como un escudo en una tormenta. Entonces, somos uno solo, juntos.

El Sello infunde una chispa de nuestra Triple Llama sobre el altar de vuestro corazón. Como sabéis, nuestra Triple Llama se compone de las llamas (rayos) rosa, azul y verde, es decir, el amor, la Voluntad Divina y la curación. Este fuego quema entonces en vuestro interior para anclar allí el amor y la Verdad de vuestro Yo Soy y de vuestro cuerpo de luz angélico. Sí, hablamos de cuerpo angélico, un cuerpo de luz real que es una unión con la jerarquía angelical y con todas las energías que se refieren a esta última. Es usted entonces reconocido como un miembro completo del universo angélico en pleno despertar.

Con la recepción de esta bendición, por que se trata de una bendición, todo el corazón y los cuerpos se descristalizan para dejar sitio a la nueva Luz Crística que aportan consigo. Ello abre la conciencia y los ojos a una nueva realidad. La duda y el miedo son a veces un obstáculo para este proceso, así pues, hay que estar alerta y mantenerse en pie, por encima de los miedos.

Este Sello activa la verdadera firma de nuestra *Divina Huella* del alma y nos pone en una situación de reconocimiento y de acción de todos los aspectos de nuestra misión de encarnación.

En el momento en que el Sello es depositado en el interior del corazón, un arcángel es especialmente atraído hacia vuestra protección y vuestra enseñanza de los valores angelicales de la Luz Angelical. La sombra no tiene, a partir de ahora, la misma influencia sobre vosotros porque ahora podéis reconocer vuestra sombra. ¡Sin embargo, no podemos intervenir contra vuestra voluntad, comprendedlo bien! Sois el único maestro de vuestra vida, de vuestro destino y de vuestra propia luz. Este arcángel es pues un protector y un valioso consejero que responde a cada pensamiento que se eleva desde vuestra alma y desde vosotros mismos hacia los ángeles y los mundos celestes.

Este Sello pavimenta la vía para la llegada de ciertas energías mucho más elevadas… Llega generalmente con el *Sello del Arcángel Gabriel*. Los dos son casi indisociables.

Este Sello aporta e infunde en todo nuestro ser las energías y las vibraciones de amor de los Arcángeles, de los Elohim, del Trono Real Divino, de los Sefirot y de todo miembro del Reino Angelical que forma parte de nuestra Familia de Luz.

Arcángeles del Rayo Arcoíris

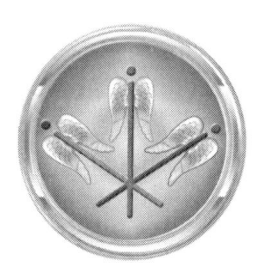

El Sello de los Arcángeles del Rayo Arcoíris (Lanuel, Luriel y Loriel) es una energía de curación o un rayo que proviene a la vez del cielo y de la tierra. Esta energía es una estrella con mil reflejos donde se disuelven los karmas y las dificultades físicas.

El Sello es un rayo de múltiples colores y posibilidades variadas. ¡Varios colores, varios efectos! Este Sello de Vida se dirige directamente hacia todos los órganos, más particularmente hacia los riñones, los intestinos, los pulmones y el corazón. Esta energía es muy eficaz para volver a poner en el buen camino a las energías que circulan a través de los cuerpos, y permite también la libre circulación de las energías en el interior de los meridianos y de las líneas axiatonales.

Este Sello es también muy eficaz para renovar el sistema linfático. El sistema inmunitario es pues reforzado y solidificado.

El Sello de los Arcángeles del Rayo Arcoíris viene para anclar en nosotros, en primera instancia, los siete rayos primordiales y, más tarde, los otros cinco rayos cósmicos, en nuestra aura y en nuestros cuerpos sutiles.

Este Sello viene para realinear todo nuestro ser bajo la influencia de estos rayos, aportando así el equilibrio y los conocimientos. Nos ayuda a anclar las nuevas frecuencias vibratorias y los nuevos rayos que descienden sobre la tierra.

Bajo forma de ducha de luz arcoíris, viene para transformar nuestros chakras en chakras de color arcoíris. Es una fuente de limpieza y de transformación profunda de los cuerpos sutiles, de los chakras del aura, de los chakras de los cuerpos sutiles, de nuestros meridianos, de nuestro campo electromagnético, de los puntos energéticos del cuerpo físico y de las líneas axiatonales, de las Rejas Energéticas y Crísticas de nuestros cuerpos así como de nuestro Merkabah.

Baba

El Sello de Baba es una manifestación de Amor del Divino en cada uno de nosotros. Nos conduce a nuestra verdad y viene para hacernos tomar conciencia de qué nos impide estar en esta y qué nos mantiene en nuestras ilusiones. Nos ayuda a liberarnos de estas ilusiones y de nuestro mal de vivir. Nos enseña también a respetarnos y a respetar a los demás, a no imponernos ni imponer a los demás nuestras visiones o nuestra percepción de las cosas. Desaparece así nuestra necesidad de aparentar bien ante los ojos de los demás. Nos enseña la autenticidad: a ser verdadero.

Este Sello nos ofrece la oportunidad de domesticar al Divino en nosotros y de dejarlo expresarse a través de todo lo que somos.

Baba manifiesta su ternura cuando lo llamamos, y con amor y respeto viene hacia nosotros.

Mi Sello es protector porque es luz. Mi energía es la energía de la verdad. La verdad que se esconde en cada uno, en cada una de las Chispas de Luz que sois. ¿Quién eres, pequeña luz desconocida que se ignora? Eres la Verdad encarnada sobre la tierra, ¿lo sabías? Estás donde tienes que estar. Allí donde yo estoy. Juntos, somos Seres de Luz Crística que irradian sobre la tierra su propia Luz de Verdad. Soy simplemente verdad, como tú.

Mi Sô es el Sello de vida que vive en el corazón de la naturaleza que está en ti. Cuando llamas a estas energías, abres la puerta a la verdad de tu corazón, a la divinidad que hay en ti. Cuando permites a mi energía que abra la puerta de las estrellas que hay en ti, permites a las energías del Padre/Madre Creador/Creadora que desciendan desde el cielo, desde las estrellas, y que irradie todo tu ser de Luz Crística. He aquí que repentinamente tu luz renace. Eres luz, ¿por qué no lo reconoces? Mi Sello está aquí para eso, para que puedas reconocerte cuando te veas. ¿Acaso no sientes el perfume de la rosa que está en ti? **Toda verdad tiene un olor. Toda alma tiene un olor. ¿Cuál es tu perfume, tu olor, pequeña llama?**

La Verdad del corazón es importante porque está en la base del amor. Sí, el amor por sí mismo, el amor incondicional, el amor del Cristo, el amor universal de Dios Padre/Madre Creador/Creadora. Estoy contigo... gracias a esta energía concentrada, estoy en el corazón de tu corazón, en el corazón de tu vida, en el centro de la Verdad... **¡de tu Verdad!**

La Verdad es como el loto, la flor, florece y crece únicamente en lugares muy especiales. La más bella flor no crece en medio de las flores, en un ambiente radiante y hermoso, porque en un lugar así prevalecerían la envidia y la vanidad. No, la más bella flor se alimenta y crece entre los leones, entre las otras flores perdidas, entre los olores tristes, en la jungla... No, no crece en los jardines. El loto es vuestro corazón, es la Verdad encarnada en vuestro corazón. ¿Acaso no veis la belleza tras vuestro corazón? Tras el polvo se encuentra la verdad absoluta de amor... de un verdadero amor. Dejadnos ver esta verdad. Permitíos ser la Luz de Verdad, la Luz del Amor, ser el vector del Pensamiento y del Amor del Gran Todo, de la Fuente Central Primera.

Soy Baba
Recibido por Donald-Doan

Buda

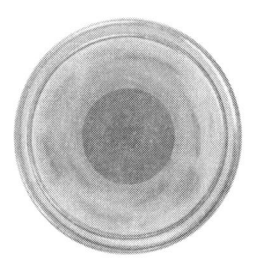

El Sello de Buda es un Sello de aceptación, de paz, de respeto y de amor por uno mismo.

El Sello de Buda difunde el amor universal e incondicional. Un amor tan perfecto que no deja sitio al ego ni a ninguna otra forma de amor imperfecto... El odio, la violencia, la cólera, la rabia, el deseo, la envidia, el mentirse a sí mismo o a los demás no tienen lugar en este rayo. *Las energías del Buda están al alcance de todos, y sobre todo, están disponibles en todo momento.* Armoniza las energías para que se vuelvan más apacibles, más tranquilas y más... ¡amor! Sin este amor no es posible progresar hacia la Fuente de las Fuentes, hacia la Voluntad Divina, hacia el Gran Creador... *El amor está en la base de todo.*

Amarse, he aquí la palabra clave, una verdad que abre todas las puertas. El amor por sí mismo es tan importante que sin este todas las puertas se cierran o simplemente no se abren. No podemos amar a los demás, a la humanidad y a la Natura sin primero amarnos a nosotros mismos. Es también cierto que es imposible respetar el universo que nos rodea sin respetarse uno mismo. El Sello de Buda ancla profundamente en el interior del corazón esta voluntad de amar del Padre/Madre Creador/Creadora. Siendo emocionado por estas energías, el corazón recuerda la Paz, el Respeto y el Amor incondicional y universal, y entonces busca el redescubrir estas Cualidades olvidadas. El camino del retorno hacia la Fuente es a veces largo y difícil, pero el proceso ha sido puesto en marcha. El alma y el corazón se acuerdan y quieren el retorno, es por ello que buscan juntos las vías y las pistas de la experiencia que permiten amarse verdaderamente y calmar todos los miedos, los odios y las inquietudes. Hace demasiado tiempo que habéis sido separados de vosotros mismos y del Padre/Madre Creador, ¡el tiempo del retorno llega por fin!

Las energías de este Sello aportan la alegría, la risa y la compasión. Para amarse, también hay que reír, ya que, ¿qué sería el amor sin la alegría? ¡Y la alegría de vivir! No olvidéis que la vida física puede ser una alegría; no depende más que de vosotros ver en ella toda la alegría de vivir. Esta elección os pertenece. Las energías del Buda vienen para recordaros que todo es amor, alegría, paz y armonía tanto en el interior como en el exterior de uno mismo. Sólo puede haber paz en el exterior si la paz existe en el interior de uno mismo. Esto es también cierto para el amor, la compasión y la armonía.

Este Sello calma los cuerpos mental, emocional e incluso espiritual. Por supuesto, el cuerpo físico se beneficia mucho de ello, pero los efectos se notan primero en los cuerpos sutiles. La ansiedad, el estrés, la depresión y todas las otras formas de depreciación de uno se vuelven fútiles y se alejan de vosotros ante vuestros ojos. Sí, estas energías aportan un desapego frente a estos sentimientos y vuelven a centrar la voluntad y el alma, actualizando al mismo tiempo el ego, al cual le gusta quejarse y hacerse ver como la víctima... ¡Todo esto se ha cumplido! El Sello de Buda os vuelve a centrar y os lleva a amar... ¡A amaros a vosotros mismos! Se acabaron los regímenes, los cigarrillos y todas las otras formas de dependencia y de no-respeto por uno mismo. Todo se vuelve simple porque amarse no es un esfuerzo. Amar al cuerpo de uno tampoco lo es... Respetarlo se vuelve una norma: un credo. El respeto por la Madre-Tierra se vuelve también una prioridad porque respetar y amarse es también amar y respetar nuestro ambiente y a la Madre alimenticia que nos acepta desde siempre. No hay más esfuerzo: ¡amar es simple! *Amar es, simplemente, amar.*

Soy el Sello de Buda. Soy la Paz que irradia tu Plexo solar, tu vientre y tu corazón. Calmo tu cuerpo. Vengo para bajar tus tensiones y para darte conciencia de todo lo que causa tus tormentos.

Soy el que te dice: escucha el murmullo de tu alma, escucha tu canto, tu canto de paz. Pósame en tu aura, en tu corazón y en tu chakra solar y contempla como un inmenso sol azul y amarillo de paz que irradia todo tu ser.

Vengo para darte esta ligereza del cuerpo, del alma y del espíritu. Conmigo aprenderás a dejarte ir en cualquier situación, aprenderás la fuerza del silencio y la armonía reencontrada en la alegría fecunda.

Te libero de la prisión de tus cóleras, de tus pasiones desordenadas y de tu estrés. Soy la Fuerza de amor del dejarse ir, a fin de que reencuentres tu libertad, tu equilibrio emotivo y mental con total armonía: cuerpo-alma-espíritu.

El Sello de Buda te une al plan búdico. Te lleva a concienciarte lo que no va bien en tu vida, de que te agota física, emocional y moralmente. Aporta un mejor equilibrio del ser y una mejor confianza en uno mismo. Aporta el silencio en el tormento y el desapego frente a las emociones negativas que no te pertenecen, las de los demás.

Aporta el discernimiento en el no-juicio de uno mismo y de los demás. A tener más tolerancia y respeto por uno mismo y por los demás en cualquier circunstancia.

Si impones el Sello sobre cada situación difícil por vivir, la paz te será entregada. Observa cómo unos pequeños soles azules y amarillos, posados previamente en tu corazón, salen de tus manos y de tu corazón para rodear las situaciones como escudos de luz y de paz. Invoca tres veces al Buda o la palabra *Paz* y déjalos actuar con confianza y fe.

Djwhal Khul

El Sello de Djwhal Khul es una energía platino-plata, que apunta principalmente al cuerpo mental.

En principio, el Sello desprende una luz blanca y translúcida. Esta última desciende rápidamente, como un rayo, e invade todo el cuerpo mental, la esfera mental y el subconsciente, y descristaliza las formas-pensamientos y los restos del ego. Esta energía restablece la estabilidad y la armonía interiores. El cuerpo mental se encuentra así tranquilizado y dispuesto a dejar lugar al mental superior y al discernimiento.

El Sello restablece el contacto del alma con su aspecto mental superior y facilita, mediante el sosiego, los reencuentros consigo mismo y con vuestra Familia de Luz. El nivel de energía aumenta y la comunicación se vuelve más clara y más simple. Las voces del ego se atenúan y dejan libre acceso a la voz de vuestra Presencia Yo Soy.

Cuando el equilibrio mental ha vuelto, el discernimiento puede existir sin ser alterado por el ego. Las enfermedades mentales que están demasiado a menudo unidas al cuerpo mental y a las cristalizaciones negativas emocionales pueden así ser tratadas con esta energía de amor del Maestro Djwhal Khul. Dejaos guiar a través de la utilización del Sello durante vuestras meditaciones. Esta energía es inteligente, así que se dirigirá ella misma hacia los lugares apropiados; no intentéis dirigirla vosotros...

El Morya

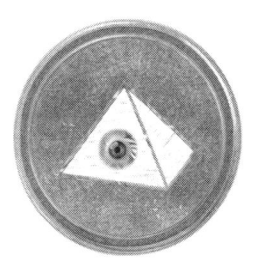

El Sello de El Morya es un concentrado del primer rayo: el rayo azul, el rayo de la Voluntad Divina.

Siendo una energía femenina y masculina a la vez, este Sello ofrece un equilibrio psíquico y mental, una armonía interior completa. Una paz mental se instala para hacer sitio a una dulce energía transparente de verdad y de amor. Aporta el equilibrio de los pesos y las medidas del universo en el interior de los cuerpos, así como una liberación de las cadenas y cableados inútiles que nos unen con el pasado, o con los demás. Ello permite crear el espacio «vacío» en nuestro interior para acoger a nuestra Presencia Yo Soy sin ataduras.

El rayo azul es una energía de voluntad, tierna y firme. Une a la tierra con el cielo en una espiral azul translúcida. La personalidad del Yo Soy se ancla en el interior del corazón y adumbra la totalidad de todos los cuerpos sutiles. Un desapego afectivo y emocional se realiza poco a poco para permitir este estado de paz y de amor necesario para el retorno hacia la armonía.

El Sello de El Morya es un estabilizador de energía. Permite estabilizar las energías de los otros Sellos, así como la fuerza que hay en nosotros. Los fallos de nuestra personalidad son alumbrados gracias a la energía de la voluntad y se convierten, poco a poco, en fuerzas nuevas. La Voluntad Divina toma repentinamente el lugar que le corresponde gracias a la Presencia Yo Soy y se convierte en un mando formidable para el restablecimiento de una vida más conforme con la Voluntad del Padre. Ciertas decisiones se iluminan bajo un nuevo aspecto. El camino a seguir parece más claro. El ego deja su sitio al Ser divino que hay en nosotros. Evidentemente, lo hace a su ritmo, que a veces es muy lento… ¡Al ego no le gusta que le empujen!

Durante los días siguientes a la recepción de esta energía divina, este se difunde a través de toda el aura para influenciar todo con lo cual se cruza… Como es una energía de curación, de voluntad y de protección, todas las energías negativas son atenuadas, ya que la voluntad de hacer la limpieza en su propio ambiente se vuelve incesante. A causa de un deseo profundo de armonía, los amigos, la familia y los seres cercanos son ahora repasados para que dejen de ser un estorbo; el interés de algunos desaparece sin que sepamos por qué y se va; hay otros, al contrario, que se acercan durante repentinos efluvios de interés o de amor. El entorno se solidifica y todo lo que ya no tiene su lugar, o que ya no es compatible con esta nueva energía, simplemente se retira con dulzura y armonía. Todo se hace lentamente, al ritmo que vuestra alma ha elegido para vosotros. ¡El mundo no se derrumba a vuestro alrededor! Se modifica y se reconstruye sobre bases más sólidas.

La Voluntad Divina es un rayo de amor y no un rayo de destrucción. Este rayo aporta armonizaciones físicas, espirituales, emocionales, mentales y astrales ya que acompaña al rayo de curación y le transmite su Voluntad. Todo se vuelve Voluntad Divina.

¡Cuidado! La recepción no transforma toda vuestra vida en tan sólo seis meses. A veces hay que recibirlo varias veces porque vuestra alma o vuestro ego no están siempre listos para recibir tanto amor y conmoción. **La dosis recibida es siempre tributaria de vuestro acogimiento.**

Soy El Morya, mi Sello es la puerta del conocimiento unida al Plan Divino. Mi Sello te enseña a dejarte ir en toda circunstancia y a pasarlo todo a la conciencia y a la Sabiduría Divina a fin de vivir el momento presente en la plenitud de la Luz.

Despierto en ti el Mental Superior a fin de que desempeñe su papel adecuadamente, uniendo a él el mental inferior, el subconsciente y el inconsciente, a fin de que sean todos regidos por la Presencia Yo Soy, el Yo Crístico Sagrado.

Unido con los Sellos de Djwhal Khul y de Hilarón, limpio el cuerpo mental y descristalizo las falsas creencias, los dogmas rígidos y erróneos y te vuelvo a alinear con la Voluntad Divina.

Tranquilizo el mental y el corazón, haciendo que tomes conciencia de tus responsabilidades frente a ti mismo y frente a los demás, y haciéndote tomar conciencia también del respeto de las Leyes Divinas. Te enseño lo que es la Voluntad Divina. Te aporto esta energía del primer rayo y te ayudo a anclarla correctamente. Inserto en tu interior la pirámide del ojo de Dios, blanca y dorada en todos sus chakras y cuerpos sutiles a fin de que puedas estar en la Verdad de tu Ser y convertirte en cocreador con el Divino.

Aporto flexibilidad, fe y amor profundos en tu interior y a tu alrededor.

Soy El Morya. Llámame y vendré para enseñarte en el momento presente aquello que más necesitas.

Gabriel

He aquí el Sello de Comunicación del Arcángel Gabriel. Un Sello que hace honor a su nombre, ya que permite una comunicación más directa y menos parasitada con los Arcángeles y con todos los que han recibido este Sello. Desarrolla con confianza los dones de comunicación, de mediumnidad así como el reconocimiento del Divino en sí.

Hay que llamar al Arcángel Gabriel porque es el único que puede decidir si el alma está lista para recibir este magnífico presente de comunicación. Sí, se trata, efectivamente, de un regalo ofrecido por la Jerarquía Celeste. Por experiencia, sentimos en el interior de nuestro corazón la llamada del Arcángel Gabriel cuando el Sello debe ser dado o recibido.

El Sello de Comunicación de Gabriel permite la activación de la habilidad de la telepatía y de la conexión con todos los otros que lo hayan recibido, más allá del tiempo y del espacio. Con el tiempo y la costumbre, esta habilidad se vuelve cada vez más presente. Permite también la conexión con el corazón cósmico del Padre-Madre Dios Creador/Creadora.

Este Sello es una puerta de entrada de los Arcángeles. La comunicación con ellos se vuelve más fácil y más clara.

El intercambio de informaciones con los Arcángeles es pues enormemente mejorado... Como nuestra intuición. ¡Pues sí, esto facilita también la comunicación con nuestros guías! Abre la conexión con nuestra Familia de Luz y nuestra Mónada.

Sin embargo, para convertiros en una fuente más clara, debéis dejar atrás todas las fronteras limitativas, los miedos, y curar las heridas causadas por los distintos velos de ilusión y los traumas vividos a causa de la utilización de vuestros dones.

Este Sello resuena... Vibra con una tonalidad muy particular que todos los seres sensibles perciben... Esta vibración atrae hacia vosotros a la Jerarquía Celeste. Este Símbolo es Luz y, como ya sabéis, la Luz atrae a la Luz...

El chakra del tercer ojo es muy estimulado por este Sello. La visión aparece para todos los que no la tenían y mejora la de los otros que ya poseían esta habilidad. De hecho, el chakra de la garganta es también solicitado. En efecto, ¿cómo comunicarse si el chakra de la garganta no funciona correctamente? Evidentemente, este Sello estimula el chakra corona al pasar por él. La información tiene que pasar libremente, sin trabas, por el séptimo chakra y, luego, al tercer ojo, a la garganta y finalmente al corazón. Un recorrido que asegura una comunicación luminosa.

La conexión se hace gracias al corazón, no lo olvidéis jamás. Y de hecho, es sobre el chakra del corazón donde el Arcángel Gabriel posa su Sello. Nada puede ser si el corazón no está. La vida, el amor... Todo se resume con esta palabra: *amor*... Corazón. Todo debe pasar por este chakra indispensable y esencial para toda comunicación.

El Sello de Comunicación debe ser activado cada vez que queramos utilizarlo.

Soy el Arcángel Gabriel, Maestro de las Comunicaciones. Poso mi Sô en vuestro chakra del corazón, centro de las comunicaciones interdimensionales que está unido:

- *al chakra corona para una mejor conexión con el Universo,*
- *al santuario unido al chakra del tercer ojo (glándulas pineal y pituitaria) para una mejor visión.*
- *al chakra de la garganta para una mejor expresión.*

Este Sô os permite comunicar con todos los planos de conciencia. Activa la manifestación del Divino Yo Soy en vuestro corazón. A través del corazón, unido a la corona, os comunicáis con vuestros Hermanos y Hermanas de Luz, con vuestra Dignidad, vuestra mónada. El corazón es el lugar en el cual reside la Sabiduría innata del Yo Divino. Tendréis menos miedo de canalizar o de recibir las comunicaciones celestes durante cada activación.

El Sô desarrolla vuestras habilidades intuitivas y telepáticas hasta el máximo. Os une con vuestra Esencia Divina, vuestra Familia de Luz y con vuestra mónada.

Aprendéis la comunicación del corazón. Os permite abrir vuestro corazón a una mejor comunicación con las personas en lo cotidiano, aportando más comprensión, sensibilidad y atención cuando es activado.

Ved cómo una esfera dorada gira en el corazón y difunde una luz, blanca y brillante. Llamadme e instalaré el Sô. «Se trata de una esfera de luz blanca crística con todos los nuevos códigos de comunicación. Esta esfera se abre y hace que se «expanda» vuestro chakra del corazón, además de englobar vuestro chakra del timo. El Sô de comunicación que estaba depositado en la esfera se amplía y es activado en todas las dimensiones del chakra corazón, del timo, de la garganta, de la conciencia (tercer ojo), del chakra de las ore-

jas, del chakra corona, de los chakras inferiores, de vuestra matriz celular, vuestro cuerpo físico y, asimismo, en cada uno de vuestros cuerpos: etéreo, de alma, emocional, mental, espiritual y así sucesivamente en todos los cuerpos de luz que ya habéis recuperado. El Sô se deposita luego en vuestro chakra corazón para quedarse allí». Ahora, decid en voz alta: «Elohim, Elohim, Elohim, Adonai Tsebayoth» (3 veces) para sellar el todo e integrarlo totalmente.

Soy el Arcángel Gabriel…

Timón Atlante

El Sello del Timón Atlante es una energía de responsabilización y de control de la vida, así como una puerta de comunicación con el pueblo atlante ascendido. Además, es amor en sí mismo, así como una excelente energía de curación para los cristales.

Este Sello, ofrecido por el Maestro Galatril, es un timón para el control de nuestra propia vida. Recibirlo permite la iluminación de nuestras propias decisiones, de nuestras propias elecciones frente a nuestra vida y a nuestra orientación. Permite reconocer nuestra misión en el momento en el cual nos perdemos en camino. Cada vez que las preguntas sobre nuestro futuro se presentan, el Timón está aquí para volver a iluminar el camino a seguir, el que el alma ha decidido experimentar: nuestra misión.

El Timón Atlante no está aquí para destapar una misión, sino para iluminar el camino que ya hemos emprendido. Se trata, de hecho, de volvernos a encarrilar cada vez que estamos perdidos: es una luz y una brújula…

El Sello del Timón Atlante vuelve a dinamizar los cristales en el interior de todos los chakras. A veces vuelve a cristalizar los cristales que lo necesitan. Los cuerpos están compuestos de miles de cristales, así que no es sorprendente que se les atribuya un sello para que funcionen correctamente. Unos cristales con buena salud conforman chakras con buena salud… ¡Y unos chakras con buena salud generan unos cuerpos con buena salud!

El conocimiento y el control de los cristales son un saber que se vuelve posible, que está al alcance de la mano. Las claves de este saber ancestral se depositan en nosotros y en nuestra aura para que, por fin, podamos utilizarlas adecuadamente y de forma casi innata.

El canal se vuelve más cristalino, más claro, más receptivo… Todos los cuerpos vibran con una nueva resonancia más elevada.

El Timón Atlante es un Sello liberador y purificador. Os da la posibilidad de creer en vosotros e incrementa vuestra capacidad de retomar el control sobre vuestra vida. Os hace comprender que sois responsables de vuestras elecciones y que, si elegís la sanación y la transformación de todos los aspectos de vuestra vida, dejaréis sitio para vuestro Yo Soy, vuestra alma, vuestra Esencia Divina para que tomen las riendas de todo, sin discriminación y sin la interferencia de vuestro Yo inferior, de vuestro ego, que será invitado a someterse a la voluntad del Yo Soy.

El Timón Atlante purifica todas las emociones, pensamientos negativos y limitativos que bloquean todos los proyectos de vuestra vida. Ilumina. Barre con sus rayos, de vuestros cuerpos mental y emocional, las telas de araña y el polvo acumulado que obstruyen vuestra mirada, vuestra visión de vosotros mismos y de la vida. Calma y libera vuestro Plexo solar de todos los miedos y las ansiedades frente a la vida y frente a cualquier proyecto.

Infunde en vosotros la confianza y el amor propio. Se convierte en vuestro paracaídas, una ayuda en la tormenta, y os facilita el aterrizaje sobre vuestros dos pies sin problema.

Sirviendo con amor y con conciencia crística, soy Galatril, vuestro hermano atlante de luz de la ciudad de Posid.

Ha de ser utilizado cada vez que os sintáis perdidos o confusos respecto a los quehaceres cotidianos, en vuestro empleo, etc. Muy indicado para alinearos con lo que es verdadero y bueno en todos los sectores de vuestra vida.

Damos el Timón de nuestra vida a nuestra Presencia Divina Yo Soy.

Gran Sol Central

El Sello del Gran Sol Central es un Sello de reconocimiento del Gran Sol Central y de su propia identidad primordial. Un Sello de despertar y de curación del alma.

El Sello aporta un reconocimiento, en el interior mismo del corazón y a través del alma, de nuestros aspectos solares y divinos. Gracias a este reconocimiento, es más fácil entrar en comunicación con nuestra identidad primordial, solar y con el Gran Sol Central mismo.

El Sello abre la puerta a la reconexión con todo el mundo divino y solar de este universo y de nuestro ser. Aporta estabilidad en la canalización –en la recepción de los mensajes– y en la comunicación con el universo solar. Equilibra y balancea los cuerpos según la Voluntad Divina. La unidad se fortifica, el Masculino y el Femenino se reúnen para formar uno solo. Por este mismo hecho, ciertas curaciones se efectúan para permitir la llegada de los Rayos Luminosos del Gran Sol Central.

Ciertas memorias son así purificadas. La armonización de las Rejas Energéticas y de los sistemas electrónicos se efectúa bajo la supervisión de los Maestros del Gran Sol Central.

Somos los Emisarios de la Jerarquía Espiritual del Gran Sol Central. Nuestro Sello aporta alegría, amor, sabiduría, armonía, prosperidad y abundancia espiritual. Abre vuestro centro de comunicación interna (el chakra corona) con el centro del universo y con toda la Jerarquía Celeste. Aportamos nuestro fuego de amor y de curación y despertamos los conocimientos, enterrados en vosotros, de vuestro origen primordial cósmico. Os reconectamos con el núcleo primordial de la Fuente Divina, con el Padre/Madre Creador/Creadora de forma más profunda, activando profundamente en vosotros el reconocimiento de lo que sois: Hijos e Hijas del amor/luz infinito en la materia. Os reconectamos con todos los miembros de vuestra Familia de Luz de todos los planos, las dimensiones y el universo, a través de las puertas interdimensionales por la mediación de vuestra Presencia Divina. Os aportamos el conocimiento espiritual galáctico y solar **donde todo es uno y uno es todo***.*

Os transmitimos el Amor infinito y revivimos la Llama Sagrada de vuestro corazón unida a vuestra alma. Os curamos las heridas del alma a través del tiempo y del espacio. Equilibramos vuestros cuerpos frente a las nuevas energías y vibraciones que recibe Madre Tierra Gaia desde el Gran Sol Central para ascender a las cuarta y quinta dimensiones. Participamos en el anclaje de vuestro Yo Divino en vuestro cuerpo físico y en el anclaje de su Luz en la Tierra Madre.

Nuestro Sô es un Sello de despertar para todos los emisarios del Gran Sol Central encarnados sobre la Tierra. Permite la reactivación de su misión, su anclaje en la Tierra y su cotidianidad. Reactiva en ellos las enseñanzas cósmicas y solares, los conocimientos, los valores y los vínculos espirituales. Reactiva en ellos sus poderes y sus habilidades profundas psíquicas/holísticas/creativas de manifestación en la materia.

Nuestro Sô utilizado con el Sello de Zeón en un poderoso liberador y un acelerador celular. Ancla y sella todos los nuevos códigos energéticos y vibratorios de la ascensión en la Tierra Gaia y en vuestros cuerpos inferiores con armonía, amor y alegría. Ancla vuestro Yo Divino en vuestro cuerpo psíquico y su Luz sobre la Tierra.

Recibid amor, paz, alegría, armonía y felicidad.
Los Emisarios de la Jerarquía Espiritual del Gran Sol Central

Helios y Vesta: el Delfín

El Sello de Helios y Vesta —El Delfín— es una energía de amor y de reconexión con nuestro Yo Solar.

Este Sello abre la vía al reconocimiento de nuestros aspectos solares. Esta reconexión permite que el chakra coronal abra la recepción de información proveniente del Sol. Los rayos del Sol son así mejor recibidos y mejor filtrados por nuestros cuerpos sutiles y por el cuerpo físico. Las glándulas pineal y pituitaria contribuyen así por su estimulación debida a los múltiples rayos solares. Un proceso de rejuvenecimientos y de ascenso comienza.

El Sello de los Delfines nos vuelve a poner sobre el camino del Sol y de la energía solar. Estas energías brillan en nosotros y revitalizan el Plexo Solar que se alimenta de ellas. Todos los cuerpos se benefician de esta aportación energética esencial. Así, la reconciliación es posible con el mundo exterior, con nuestro entorno, con nuestras propias emociones o frente a una situación particular; estas energías protectoras y solares son poderosos catalizadores emitidos en dirección del Plexo solar a fin de facilitar el aligeramiento de nuestras propias energías, de nuestra densidad. Una visión más clara y más desapegada se instala en nosotros.

Este Sello trabaja intensamente en el chakra solar (Plexo-corazón-garganta) y el cuerpo emocional. Aporta la energía del Sol y los códigos vibratorios para retomar nuestro poder interior con armonía y alegría profunda. Este Sello reactiva en nosotros la Sabiduría Divina y nos enseña a gestionar nuestras emociones. Libera, una a una, las cristalizaciones profundas de emociones, angustias, miedos y pensamientos negativos acumulados en nuestro chakra solar y en nuestro vientre, permitiendo poderosos momentos en los cuales uno se deja ir, reequilibrando todo nuestro ser para que podamos anclar en nosotros a nuestra fuerza divina. Nos volvemos más fuertes, con más confianza en la Vida.

El Sello nos enraíza en la Fuerza de Vida Universal y nuestro ambiente. Somos uno con la naturaleza y el cosmos. Comprendemos que formamos un todo con la Tierra y nos volvemos pequeños soles de amor, de alegría y de luz para todos y cada uno.

Helios y Vesta, logos solar
En la Luz y la conciencia crística

Hilarión

El Sello del Maestro Hilarión es un Sello regenerador y de armonización de todos los cuerpos sutiles así como del cuerpo físico. Se emplea para un trabajo completo energético de los cuerpos, de los chakras, y del campo áurico. La energía del Sello es la del rayo verde de curación y está unido con los templos de curación de nuestro universo. Las líneas transgeométricas del Sello están vivas y aportan en el cuerpo y la conciencia los códigos energéticos de transformación que corresponden a cada uno en el instante presente.

Es también un especialista del cuerpo mental. Éste limpia y acentúa el despertar de la conciencia sobre el cuerpo mental y sus atributos. Un buen cuerpo mental es una herramienta bastante apreciable para todos los Maestros Ascendidos y todos los trabajadores de luz. No lo olvidéis jamás. Este Sello aclara y equilibra el cuerpo mental. Su acción limpiadora hace desaparecer los residuos, los implantes, las formas pensamientos y todas las otras formas de la negatividad que puedan alojarse en el interior mismo del corazón mental o en su periferia. Como este Sello cae en el aura, empuja todo en su camino y lo limpia a fondo. Un rayo platino inunda la totalidad del cuerpo mental con su luz y purga totalmente el aspecto mental. ¡Nada se le resiste! Este Símbolo se emparenta con los ojos de su propia conciencia sobre su propio mental. Este se vuelve visible. Todos sus aspectos positivos y negativos aparecen ante vosotros bajo su día real y verdadero, sin mentira. Todo se vuelve ahora claro y límpido. Los pensamientos son reequilibrados por la puesta al desnudo del cuerpo mental y de las energías tranquilizadoras de Hilarión y de su rayo.

El Sello de Hilarión atraviesa todos los chakras, y los purifica profundamente con el rayo verde. Pues sí, todos los chakras pueden ser influenciados por todos los cuerpos... y viceversa. Una vez liberado, todo vuelve a ser calmo y sereno. Una paz interior se instala porque la tormenta por fin ha amainado.

El Símbolo de Hilarión es a menudo acompañado por el de Djwhal Khul y el de Orión y Angélica, con el cual comparte varias energías similares unidas a los cuerpos sutiles y a ciertos chakras.

Mi Sello aporta la liberación de los nudos energéticos cristalizados en los chakras y los cuerpos inferiores. Aporto el conocimiento y una mejor comprensión de vuestras antiguas costumbres de pensamientos y de sentimientos que os causan problemas de salud. El Sello repara los tejidos estropeados del cuerpo, purifica la sangre, el hígado, el páncreas y los riñones.

Combinado con el Sello de Djwhal Khul, purifico el cuerpo mental y sus restos obstructores, las falsas creencias, las falsas percepciones del ego, aportando así un mejor equilibrio mental y espiritual.

Unido al Sello de Lady Portia, purifico profundamente el chakra de la garganta uniéndolo al cuerpo etéreo para recolocar y equilibrar los chakras en el cuerpo etéreo y en toda la columna vertebral.

Combinado con el Sello de San Germán, aporto una descristalización de los cuerpos inferiores con el objetivo de obtener una transmutación de los karmas.

Con los Sellos de Rafael, anclo la transformación celular y atómica, para un profundo cambio biológico y bioenergético.

Combinado con el Sello de Orión y de Angélica, aporto las armonizaciones y las curaciones del alma y del corazón de vuestro Yo femenino y de vuestro Yo masculino. Limpio todos vuestros cuerpos, vuestra aura y los cristales de vuestros chakras.

El que se inicie en los Sellos será dotado con el rayo verde de transmutación y de curación para todo trabajo energético.

Hilarión
En el amor y la curación…

Horus-Ra

El Sello de Horus-Ra es una luz sobre el conocimiento y la sabiduría enterrados en nosotros mismos. Es también un equilibrio entre la Sabiduría y el Conocimiento. Esta energía dinamiza y alimenta el Plexo solar de forma integral. Desarrolla la intuición, la telepatía, la clarividencia y, sobre todo, el discernimiento en toda cosa.

El Sello aporta una armonización de las energías crísticas que se encuentran en el interior de los cuerpos sutiles y de las células mismas. Ello facilita la fluidez de las energías ya existentes y la integración de las nuevas.

La fuerza, la valentía, la luz y la sabiduría son así ancladas con más vigor y profundidad en el interior de los cuerpos y del alma. La Presencia Yo Soy puede acceder con más facilidad a esas reservas esenciales... Gracias a una mejor visión de conjunto el discernimiento puede expresarse con más facilidad y solidez. Los velos de ilusión y las zonas umbrías son mejor desenmascaradas y la luz es mejor vista, absorbida e integrada.

Un puente de luz es también creado entre los chakras de la corona, del tercer ojo, de la garganta y del corazón. Ello facilita mucho el discernimiento y su expresión a través del verbo (la voz y la garganta).

La unión entre el chakra del corazón y el de la garganta permite al amor que sea el conciliador de todo este discernimiento. ¡Un discernimiento frío y calculador no tiene nada que ver con el discernimiento que desea la Voluntad Divina! Una unión es, pues, necesaria para mantener este poder en el amor universal e incondicional.

Además, esta energía irradia en todo el Plexo solar y le permite vivir mejor las emociones, así como una mejor captación de la energía solar que proviene del Sol. Esta energía es redistribuida a través de todos los cuerpos y desaloja las cristalizaciones en los chakras. Una mejor integración de las energías solares permite al cuerpo que viva mejor y que tenga una mejor salud. La energía proveniente del Sol se coordina mejor, haciendo que cada órgano pueda funcionar con mayor productividad y facilidad.

La energía de Horus-Ra abre la puerta al perdón de sí mismo y al amor incondicional a través del Plexo solar. Un amor más cósmico, más universal e incondicional, atraviesa cada meridiano, cada órgano y cada célula del cuerpo. El cuerpo se abre, así, a la Luz que proviene del centro… El Plexo solar es el centro del cuerpo, tal y como el Sol es el centro de nuestro sistema solar.

El tercer ojo se ve estimulado con la aparición de las energías solares. Los chakras han olvidado –o casi– lo que significa ser alimentado por la Fuente Divina. El chakra raíz y el tercer ojo no se acuerdan ya del modo de manifestar la integración de estas energías; todos los chakras se despiertan ante esta energía, pero cada uno a su ritmo, y a veces lentamente… Hay que tomarse su tiempo, porque hace ya tanto que estos chakras no han recibido una energía concentrada… Cada uno a su ritmo…

Esta reconexión con la Fuente permite la apertura de las vías hacia Espíritu, hacia el Yo Soy y hacia el Ser Esencial.

El Sello de Horus-Ra es la manifestación de la Luz Divina en nosotros, que aporta y ancla los nuevos conocimientos en nuestros chakras corona y corazón. Alinea nuestro Canal de Luz y lo limpia. Penetra nuestra aura y nuestros cuerpos para dinamizarlos y revitalizarlos. Se trata de un buen antídoto contra la depresión y la gran fatiga: volverse a poner en forma. Refuerza el chakra del Plexo solar y lo une con el Sol Central, devolviéndonos así nuestro poder interior.

¡Es una puerta del cielo! Un Sello de integración de la Luz Divina y Solar en la materia y en los cuerpos sutiles. Ayuda a anclar nuestro cuerpo de luz y alza nuestras vibraciones. Ello ayuda a anclar y reforzar nuestra luz sobre esta tierra y nos libera del miedo, de las energías desestabilizadoras del otro, con su ego y con su juicio. Ved todas vuestras células, todos vuestros electrones como si fuesen pequeños soles. Es el cuerpo de Luz que hay en vosotros.

El Sello de Horus-Ra nos vuelve a llamar hacia nuestros orígenes celestes, ayuda a liberar las memorias kármicas, es de gran utilidad cuando hay regresiones o contactos de memorias. Si llevamos energías de vidas anteriores egipcias, lemurianas o atlantes, el Sello reactiva todos los conocimientos y los actualiza a las nuevas frecuencias vibratorias crísticas que recibimos del Gran Sol Central, liberándonos al mismo tiempo de los aspectos torcidos relativos a esas épocas.

Tenemos cita con el Sol, con el amor y la aceptación de uno mismo. Se facilitan las grandes reconciliaciones. Se trata de que el alma acepte estas energías y sus ventajas para reencontrarse de nuevo con una libertad plena y entera que inútiles cadenas retenían. Amarse y aceptarse son dos claves esenciales y primordiales en el camino de regreso hacia la Fuente de las Fuentes. La fuerza y el valor están aquí para ayudar a este retorno, ¡aceptadlos!

Con su activación, nos volvemos cada día un poco más Hijo e Hija de Luz, e irradiamos como un sol en su medio de vida.

Soy Horus-Ra.
Este Sô devuelve los «antiguos» ojos de la clarividencia y del conocimiento en la Luz Divina. El término antiguos *se refiere a los ojos de la pura clarividencia de las primeras edades espirituales: los ojos de luz.* Isidora *es el mantra en lenguaje de luz, que significa: «miro con mis ojos de luz».*

El Sô aporta discernimiento espiritual. Ancla las nuevas energías y conocimientos espirituales de la nueva edad de oro.

Este Sô trabaja el chakra corona y el del tercer ojo. Nos conecta con la Sabiduría Divina y activa las memorias celulares. Activa las glándulas pineal y pituitaria. Desarrolla asimismo la intuición profunda, la telepatía y el discernimiento espiritual. Corrige la mirada que dirigimos a toda cosa, todo evento y todo ser.

Este Sô, cuando lo activamos, forma un puente de luz desde el chakra del tercer ojo hasta los chakras de la corona y del corazón.

Ver con los ojos del alma es ver con los ojos divinos. Ver más allá de la visión, más allá de lo que nos es presentado y de lo que está en nosotros. Unid esta visión con su sentir. Ved con los ojos de la luz del Ser Divino que hay en nosotros.

Al activar vuestros ojos de luz, os estamos invitando a que abráis vuestra conciencia a los verdaderos conocimientos espirituales renovados en el Amor y la Luz Divina y a hacerlos descender hacia vuestro corazón. Alimentar el corazón, alimentar el alma y no el intelecto.

SÔ

Sellos de vida

Liberación

Afra

Ajenatón

Aluah

Anubis

Arak el Grande

Aramón

Arcángeles

Arcángeles del Rayo Arcoíris

Baba

Buda

Djwhal Khul

El Morya

Gabriel

Timón Atlante

Gran Sol Central

Helios y Vesta: el Delfín

Hilarión

Horus-Ra

Kwan Yin

Dama Fe

Lady Portia

Maitreya

María-Isis

Médicos Arcoíris

Metratrón

Mikael

Orión y Angélica

Palas Atenea

Pasadores del alma

Poseidón

Rafael 1

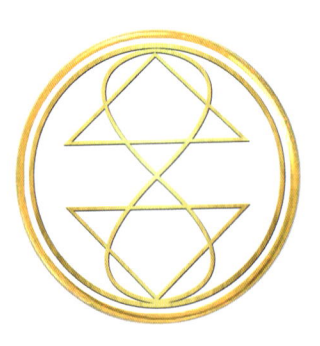

Rafael 2

Sanat Kumara

Sandalfón

Serapis Bey

San Germán

Uriel: el Unicornio

Zeón

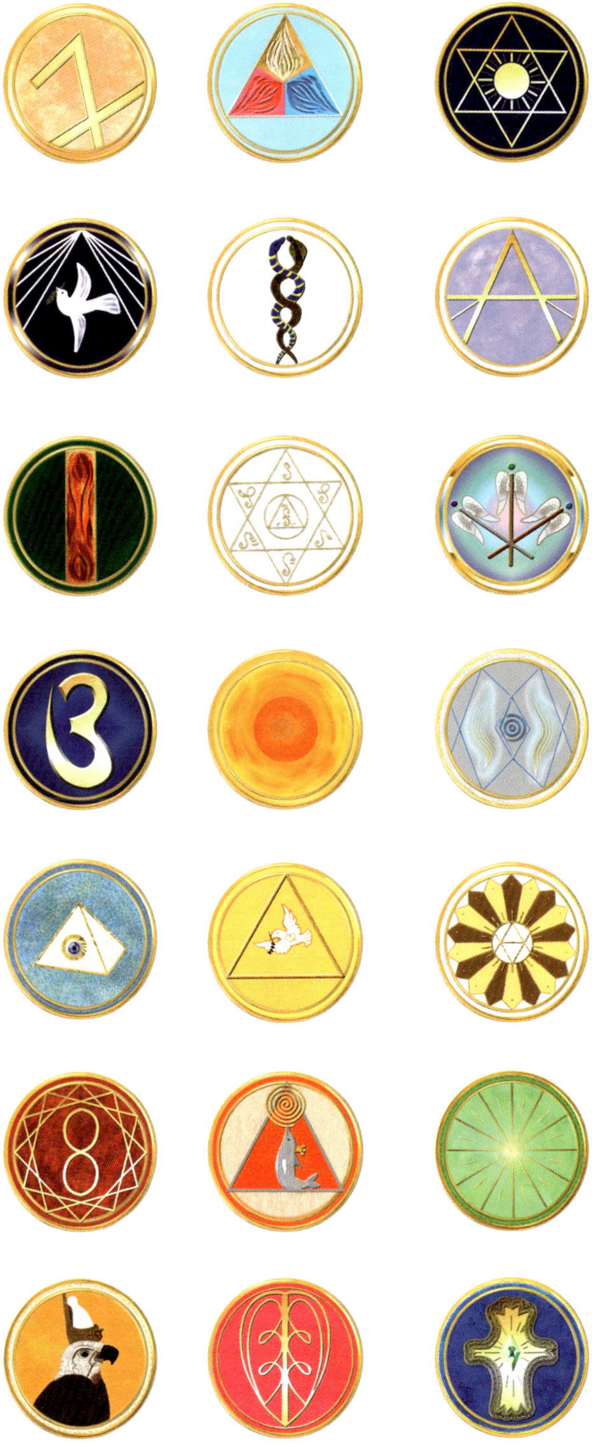

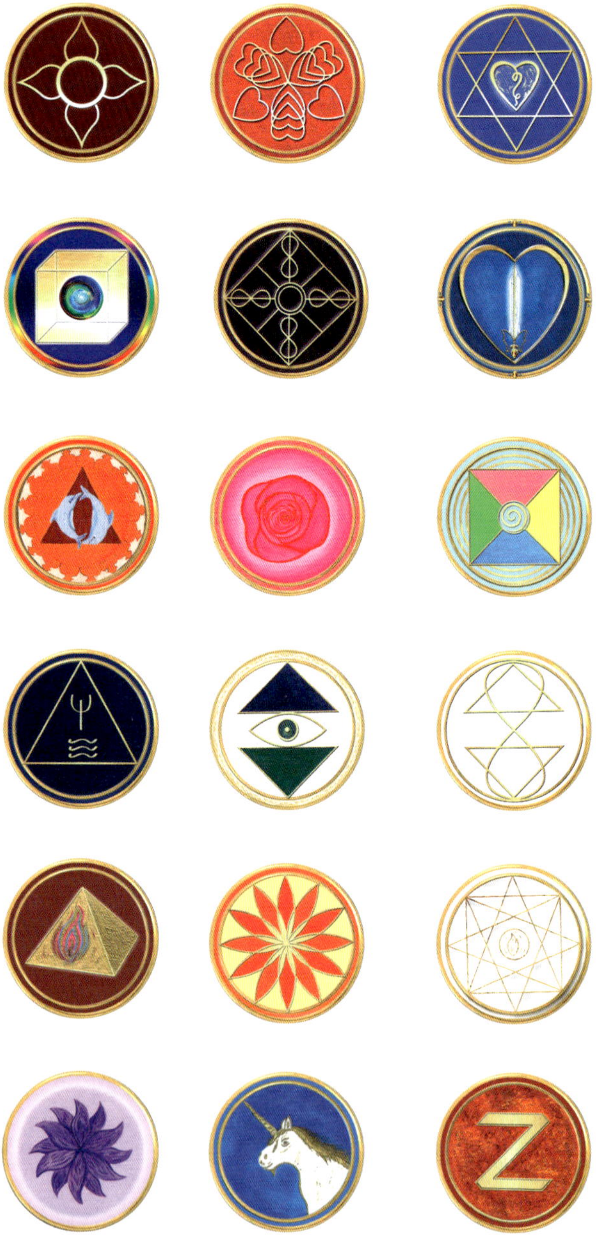

Alguno de vosotros dice a menudo: «Ah, ya he oído tal o cual verdad, por lo tanto no tengo nada más que aprender». Y yo contesto: «Oh, alma, no has comprendido nada porque, ¿acaso has aplicado estas verdades a tu vida? ¿Las has hecho tuyas, en tu corazón, en tu alma? ¿Reconoces las nuevas energías, en las que profundizan estas verdades? Tu espíritu está lleno de juicios sobre tus hermanos y hermanas que son vuestros mensajeros. Sólo oyes con tu mente y poco con el corazón. Sólo alimentas tu espíritu, y poco tu corazón. Y si miras, escucha con tu corazón, y estas verdades, estos conocimientos te saciarán y serán música para tu corazón. Nunca más juzgarás a un mensajero, sea quien sea».

Soy Horus-Ra, a vuestro servicio, en el nombre del Todopoderoso, para permitiros vivir con los ojos de luz en cada momento de vuestra vida.

Kwan Yin

El Sello de Kwan Yin es Sello de misericordia, de paz y de compasión. Una paz profunda se instala en el fondo mismo de las células, acompañada por un sentimiento de compasión hacia toda la humanidad y hacia uno mismo. El Sello de Kwan Yin es de una importancia capital en el recorrido de cada uno, porque está en la base de la aceptación de uno mismo y del resto de la humanidad. *Paz* y *compasión* son las palabras clave de esta energía de amor del Padre/Madre Creador/Creadora. Una calma y un silencio absoluto acompañan a esta energía e invaden todo el ser y el corazón. De esta forma, estáis ahora dispuestos para la escucha interior e incluso para la exterior.

Kwan Yin abre las puertas del corazón y del propio chakra a la música celeste y de los ritmos del Universo. Se trata de una pequeña clave que libera el alma de su jaula dorada en la cual todos la encerramos desde nuestra llegada a la materia. Oír de nuevo la melodía de los ángeles es un redescubrimiento que el alma espera y aspira reencontrar más que nada. Por fin, la voz de la Jerarquía Celeste puede hacerse oír en el interior del corazón porque las vías han sido de nuevo abiertas.

La llegada de la energía canalizada por Kwan Yin permite levantar los velos kármicos. Las memorias kármicas son así liberadas y el velo que los escondía es levantado para siempre. El peso de ciertos recuerdos pasados es, en adelante, apartado. ¡El acceso al Yo Soy es ahora posible!

La energía del Sello de Kwan Yin es un poderoso despertar para las memorias kármicas, pero también para redinamizar la sangre, vehículo de nuestra personalidad. Asimismo, el corazón-órgano es energizado de nuevo para facilitar la integración de la personalidad con la Presencia Yo Soy. Combinado con la energía de El Morya, el anclaje de la Presencia Yo Soy se vuelve más profundo y más sólido.

Kwan Yin representa también la energía de la misericordia y de la compasión en la energía de la Madre Divina. Ella misma, nombrada Madre Divina en Oriente y María en Occidente, es nuestra polaridad *Yin* al completo, que quiere curar y reequilibrar.

Es la Madre de la misericordia y de la compasión que no deja de velar por sus hijos, todos los hijos de la tierra.

Por su Sello, nos aporta esta energía de amor-compasión y de misericordia en todos los aspectos de nuestro ser, y para todos los que nos rodean.

Vierte un elixir de Fuego Divino de amor misericordioso, de perlas de amor y de ternura, de lotos amarillos y blancos en nuestro corazón, en todos nuestros cuerpos y chakras, curando las heridas del corazón y todos los aspectos de nuestra alma.

Nos impregna con su energía, nos mece como una madre.

Vela por la integridad y la pureza de nuestra alma y de nuestro corazón.

El Sello activa la toma de conciencia y purifica el corazón, el alma, el cuerpo emocional y el cuerpo mental, todos los pensamientos y las emociones que nos impiden amar totalmente, sin cálculo, sin espera. Descristaliza los nudos.

Combinado con el Sello de María-Isis, ayuda a retomar nuestra feminidad, a curar las heridas de la madre y a equilibrar nuestro Yo femenino.

Combinado con el Sello de Buda, aporta la paz en todas las dimensiones de nuestro ser y la ecuanimidad, ayudándonos al mismo tiempo a afirmarnos en nuestra Luz y a retomar nuestro poder interior, la alegría profunda en el amor, la paz y el desapego. Limpia el Plexo solar en profundidad.

El sello nos pone en comunión con todo el Ashram de la Madre Divina, en conexión profunda con su sabiduría, su paz y su amor en la Armonía Divina.

Aporto el amor compasión y la Misericordia Divina en tu corazón, en todas las circunstancias de la vida, a fin de aprender a quererte mejor y a mejor respetarte, a amar a los demás y a respetarlos. Te ayudo a descubrir lo que eres realmente, el tesoro escondido en ti.

Ayudo a acoger la sombra en ti para transmitirla mejor en la Luz Crística.

Comprenderás la Palabra del Cristo: «Bienaventurados los misericordiosos, porque ellos alcanzarán Misericordia».

Una vez que el amor compasivo y misericordioso se ancle en ti, podrás difundirlo a través de tu Luz en cada persona que se cruce en tu camino y en todas las circunstancias, con un desapego perfecto, evitando así responsabilizarte de emociones y pensamientos negativos que no te pertenecen. Conocerás las palabras adecuadas para calmar y consolar los corazones.

Con todo mi amor, estoy contigo.

Kwan Yin

Dama Fe

El Arcángel Dama Fe es la llama gemela del arcángel Miguel. Su Sello, Dama Fe, es una energía de fe.

Este Sello penetra en el interior mismo del corazón para grabar allí la fe profundamente: ¡la que mueve montañas! La energía así recibida abre la puerta a la convicción de sus actos y a la certeza de sus elecciones. ¡Todo es cuestión de fe!

Esta energía adumbra todos los cuerpos y equilibra las energías que son a menudo el origen de todos los miedos. La fe es, pues, un elemento esencial para creer y para la Ascensión.

El Sello de Dama Fe limpia, a partir del chakra corona, a la «cruz de luz» o *ankh*. Esta cruz está formada por el canal de luz, así como por dos líneas horizontales al nivel del corazón, y un asa que empieza en esta intersección sirve de lupa a nivel del chakra corona para anclarse al corazón, en su punto de partida. Visualmente la cruz se parece a un hombre con los brazos estirados a cada lado del cuerpo, con otra línea imaginaria que atraviesa el corazón de delante hacia atrás, sin olvidar el asa… ¡Todo de oro, por supuesto! Es esencial que esta cruz esté bien «limpia» para que funcione bien todo nuestro potencial divino.

Mi Sello abre tu corazón y tu conciencia a la Fe en el Amor Divino del Dios Padre/Madre Creador/ Creadora, la Fe en el Universo, la Fe en uno mismo y en el Ser Divino que está en ti.

Vengo para revelarte lo que realmente es. Vengo para despertar esta fe que duerme. Vengo para fortificar esta fe que vacila con el menor golpe de viento que da la vida. Activo esta fe que mueve montañas, que se deshace de equipajes inútiles transportados por el ego.

Te ayuda a ver la verdad, tu verdad, y a liberarte de las falsas creencias, de los falsos conceptos, de los dogmas rígidos y fijados por el tiempo, dogmas que aplastan y que lo someten a autoridades abusivas en sus religiones y en las sectas, creencias que lo encadenan y que evitan que despegues con el amor y la Libertad Divina.

El Sello se manifestará ante ti, con toda simplicidad, con el amor y la confianza, porque eres Divino, una Parcela Divina del Gran Todo que brota del corazón sagrado del Padre Divino.

Mi Sello te enseña a abandonarte y a remitirte completamente al plan Divino por tu bien supremo y por el bien supremo de todos.

La fe es tu motor, tu carburante para ejecutar tu misión con alegría, paz y armonía. Abre las puertas del corazón y del alma, ancla el Yo Soy en ti mismo a fin de que sea sólo uno.

Cree en ti, cree en la Luz Divina que te habita y vuélvete cocreador de tu existencia con el Divino.

Que la Luz, la Verdad y el Amor te acompañen en la manifestación de la Fe.

Arcángel Fe

Lady Portia

El Sello de Lady Portia es una energía de discernimiento superior, de justicia y de equidad.

El Sello es una energía femenina muy concentrada y muy poderosa porque aporta el equilibrio en el seno de las células y de los cuerpos sutiles. Con este equilibrio, la energía aporta una justicia y una equidad en todos los cuerpos y células. Permite un discernimiento liberador de todas las trabas, de los nudos y los karmas ligados a un juicio de sí mismo demasiado severo. Lady Portia viene para reequilibrar, con un Discernimiento Divino, las elecciones severas del alma. El pensamiento se vuelve más claro y el alma (como la persona física) vuelve a orientarse, y reencuentra las puertas de salida para todas las situaciones que se presentan. Libera el chakra de la garganta a fin de expresarse mejor, de expresar su verdad. ¡No es ya necesario dar vueltas sin sentido! El equilibrio vuelve…

Lady Portia nos recuerda el Adam Kadmon y solicita a nuestras células, así como al cuerpo, que retomen esta forma original en el «aquí y ahora», para obtener una mejor salud sobre todos los planos. Esta energía pide al chakra de la garganta una rectitud en su expresión (la voz, la palabra).

Esta energía viene para regular la energía masculina, el *yang*. Sí, por su contrario, la energía *yin* del Sello, el equilibrio entre estos dos polares toma forma. Este Sello de Vida actúa como el soplo, el aire, cerca de un fuego de campo: cuánto más circule el aire, más majestuoso será el fuego, pero si circula demasiado rápido o insuficientemente, el fuego se reducirá o se apagará.

Lady Portia actúa sobre el tercer ojo para conseguir una mejor visión: una visión más justa y más equitativa. Actúa también sobre el Plexo solar para iluminar la verdad y no la emoción, que demasiadas veces mezcla las cartas y la visión de los acontecimientos. El estrés y la angustia desaparecen tras una revisión de nuestra visión realizada por los ojos del corazón y no por los del Plexo solar… Un nuevo equilibrio y una nueva justicia toman forma. Es un excelente bálsamo durante los momentos de luto o de sufrimiento intenso… ¡e incluso durante un parto!

Todo el sistema se beneficia de una aportación de esta energía: la sangre, los riñones, los intestinos, el hígado, el páncreas… Todos funcionan según un nuevo orden y un nuevo equilibrio. Se mejora, por tanto, la eliminación de los residuos del organismo y la asimilación. Se ha iniciado el retorno de los órganos a su esencia primera y a su verdadera Naturaleza Divina.

La humildad es un efecto de esta energía. La justicia y el discernimiento superior aportan esta cualidad. La franqueza y la honestidad se vuelven a poner en su sitio según la Voluntad Divina. Todo vuelve a ser equilibrio. «La mediumnidad» (clarividencia, clariaudiencia, etc.) se vuelve más afinada y más justa.

Mi Sello es misericordia y justicia, equilibrio en su sentir y en su vida.

Ayudo a encontrar un mejor equilibrio emocional y el modo de equilibrar la vida a fin de llevar la Gracia Divina y el discernimiento en la cotidianidad.

Aprenderás a ser más misericordioso contigo mismo y con las personas que frecuentas, tus gestos, tus palabras, tus emociones.

Mi Sello aporta, a ti y a tu vida, más sentido de la justicia. Llegarás a comprender que no sois ni víctimas ni verdugos, sino seres en pleno aprendizaje de la Justicia y de la Misericordia Divina.

Aporto más claridad en las situaciones difíciles y en el no-juicio. Abro tu corazón hacia el otro.

Cuando soy llevado hacia los chakras de la garganta y Plexo solar, calmo las cóleras y hago salir toda emoción reprimida. Hago que tome conciencia de la palabrería inútil y de la crítica negativa. Tus palabras y tu sentir serán más claros, más dulces y transparentes.

Llevado hacia el chakra del corazón con el Sello de Kwan Yin, abro la puerta a la misericordia.

Mi Sello aporta también el equilibrio del chakra de la garganta. Ayudo a expresarse mejor en su verdad, a expresar las necesidades, a expresar todo lo que se siente y vive con armonía y seguridad.

Ayudo también a solucionar los problemas de escapes energéticos, especialmente en los riñones y en la espalda.

Para una mejor limpieza y descristalización del cuerpo emocional, de los chakras de la garganta, del corazón y del Plexo solar, combina mi Sello con el de Kwan Yin y San Germán.

Aprenda a usar mi Sello. Llámame y si tu corazón es puro y sincero, vendré para contarte todos sus secretos.

Namasté
Lady Portia

Maitreya

El Sello de Maitreya es un liberador de conciencia. Permite la toma de conciencia que tanto necesitamos en el aquí y en el ahora.

Esta energía liberadora desciende suavemente, como una flor o una hoja de papel en el viento, hasta el fondo del corazón, pasando por todos los cuerpos sutiles y los chakras superiores. Este pasaje limpia las viejas creencias y los viejos esquemas incrustados profundamente en el seno mismo de nuestro ser, para dejar sitio a una visión más «crística y universal». Pasando por el chakra del alma, limpia y permite a las raíces celestes que se anclen bien en el corazón de la Fuente de las Fuentes. Así pues, esta energía permite al chakra estrella de la tierra que nos ancle bien al corazón de la tierra.

El Sello de Maitreya nos llama a que tengamos una toma de conciencia consciente. ¿Para qué sirve una toma de conciencia si esta se queda en el inconsciente? Estas energías hacen aflorar todas nuestras tomas de conciencia, para integrarlas mejor y para aceptar mejor las próximas. Todo el organismo se ilumina con el impulso de Maitreya. Una sola toma de conciencia cada vez…A veces más…Simplemente, nunca más de lo que nuestro ser puede absorber. No habría que quemarse solamente porque estemos impacientes por evolucionar…

Además, esta energía es un faro para la conciencia: una luz que ilumina nuestro destino, nuestro camino. La vía es a veces oscura y nebulosa, y entonces Maitreya es el resplandor que ilumina el entorno en el cual vivimos en ese momento a fin de concienciar mejor nuestra realidad, y sobre todo, nuestra Verdad.

Soy Maitreya, Maestro de Luz en la Conciencia Crística. Vengo a ti para ofrecerte mi enseñanza sobre mi Sello.

Mi Sello es un profundo purificador de los cuerpos sutiles. Libera el corazón y los cuerpos del demasiado-lleno y de los equipajes que se han vuelto inútiles.

Mi Sello es un sanador del alma. Sano las heridas no liberadas y no cicatrizadas del alma en las diversas encarnaciones sobre esta tierra, incluyendo esta misma. Te hago tomar conciencia de ello y te anclo en el Amor Crístico.

Como un rayo, vengo. Enderezo y realineo tus cuerpos. Te libero de tus propias cadenas a partir del momento en que has tomado conciencia de éstas. Calmo tu mental Inferior y lo alineo bajo la dirección de tu Ser Superior (Mental Superior).

Te enseño el discernimiento en toda cosa, y a comprender bien aquello que es bueno para ti, para tu evolución. Te ayudo también a no interferir en la evolución del otro.

Combinado con el Sello de Sanat Kumara, te sostengo y te acompaño en todas tus etapas iniciadoras hacia la Ascensión, te preparo para la etapa importante de tu misión de vida, y te ayudo a realizarla.

Aclaro el espíritu cuando hay confusión. Ayudo a que te des cuenta de que todas las respuestas están en ti, en tu corazón. Te enseño a amarte y a respetar tu Luz y a asumir tus elecciones.

A tu servicio en la Luz Crística.
Soy Maitreya

María-Isis

Es el Sello de María/Isis unidas en una sola y única energía en el corazón dorado de la Madre Divina, de la Shekinah (principio divino femenino), que nos lleva a anclar la Luz y el Amor Crístico en nosotros.

El Sello de María/Isis es un Sello de reconciliación con uno mismo, con el amor propio –interior– y con el Yo Divino. Nos ayuda a desarrollar más amor, más respeto y más estima por uno mismo. Sin duda es una energía femenina que regula todos los polares femeninos, *yin* y nos enseña a convertirnos en una madre para nosotros mismos, a curar nuestro chakra del corazón y todos los aspectos de nuestra feminidad que hayan sido ridiculizados, no reconocidos, no expresados o reprimidos. Facilita la comprensión de nuestras propias emociones. Este Sello permite el anclaje del amor incondicional y la curación de nuestras emociones, a veces tan difíciles de soportar que las escondemos en lo más profundo de nosotros mismos. Camuflamos tan bien nuestras penas y nuestras emociones tras las mentiras o las gruesas capas del abrigo de nuestro ego... Es la reconciliación con todas estas emociones y estas penas enterradas: ¡la liberación! Se trata de una curación y de una reconciliación profunda con uno mismo: el perdón que nos ofrecemos… realza nuestra estima, nuestro amor por nosotros mismos.

La liberación se desarrolla también sobre el cuerpo físico a través la desaparición de las tensiones y de los síntomas unidos con todas estas penas y emociones reprimidas. El alma debe, sin embargo, aceptar estas liberaciones porque puede, a veces, tratarse de dificultades pasadas… Muy profundas… Otras vidas… kármicas. Las tensiones sexuales, el estrés o la ansiedad no son más que ejemplos de síntomas físicos que son directamente calmados por esta liberación. Emana una compasión más grande en el seno mismo de nuestro amor, de nuestro chakra corazón, a fin de que nos realicemos en el Amor Divino. Nos abre, también, al amor incondicional siempre disponible en nuestra alma.

María/Isis viene para curar las heridas de nuestro corazón frente al amor humano, y nos libera de los falsos sentimientos, de las falsas nociones y creencias al respecto. Viene para equilibrar nuestro chakra sagrado en la sexualidad y refundir en nosotros nuestra esencia femenina. Cura al niño interior y las relaciones con nuestra madre terrestre y con todas las mujeres de nuestra vida. Nos invita a reconciliarnos con la Madre-Tierra y a amarla como a nuestra propia madre. El Sello realinea los cristales de amor en nuestros chakras: corazón, raíz, sagrado, solar, tercer ojo, garganta, chakra del alma.

El chakra del corazón galáctico es solicitado por la llegada de las energías de este Sello. Este chakra, situado en la espalda al nivel del corazón, necesita despertarse para que podamos seguir con nuestra marcha. ¡De hecho, todos los chakras deben reencontrar todo su potencial y la plena salud!

Este Sello de María/Isis es también excelente para los problemas relacionados con el hígado y el bazo. A través del amor por uno mismo, estos órganos son automáticamente estimulados y las tensiones que los asaltan se atenúan, principalmente si este Sello es combinado con los de Kwan Yin y con el primer Sello del Arcángel Rafael. Por otro lado, si es combinado con el de Kwan Yin y con el Segundo Sello de Rafael, se trata de una curación a nivel galáctico; a veces tenemos muchas historias que han quedado olvidadas con nuestros hermanos y hermanas estrellas. ¡No olvidemos que hemos tenido varias vidas antes que esta, y no sólo sobre la Tierra!

Este Sello actúa sobre el chakra del tercer ojo y sobre el chakra del alma. El alma se ve repentinamente frente a sus propias emociones pasadas, y es confrontada con todo ese equipaje que se ha vuelto demasiado pesado. ¡A veces, soltar lastre es la clave para nuestro despegue! La pérdida del peso inútil se ha vuelto esencial para subir los escalones de la Ascensión y de la aceptación de uno mismo. De hecho, ¿cómo creéis que podéis amaros de una forma incondicional si ni siquiera os atrevéis a mirar hacia atrás y decir: «amo toda mi vida»? Hay que poner orden en nuestra maleta y María/Isis está aquí para ayudarnos a hacerlo sin dramas...

Con el Sello de Kwan-Yin:
Refuerza el amor-compasión por nosotros mismos y por los demás.

Beneficio: mejor aceptación de quiénes somos.

Con el primer Sello del Arcángel Rafael:
María/Isis trabaja sobre el cuerpo emocional.

Con el segundo Sello del Arcángel Rafael:
Amaya, la Madre Cósmica se une con María/Isis para curar las heridas del corazón galáctico.

Con todo el Ashram de la Madre Divina el Sello nos pone en comunicación, en conexión profunda, con su sabiduría y con su paz en la Armonía Divina.

Médicos Arcoíris

El Sello de los Médicos del Rayo Arcoíris ha sido liberado a petición de Madre Gaia. Son los médicos de guardia para todos sus reinos y para la humanidad. Vienen para reparar, equilibrar nuestros chakras y nuestra aura así como los de la Madre Tierra. Transmutan en nosotros la mala utilización de los rayos, que provocan desequilibrio en nuestros cuerpos. Reparan y fortifican las raíces de luz de nuestros chakras a fin de anclarnos mejor sobre la tierra.

Los Médicos del Rayo Arcoíris pueden ser utilizados sobre todos los animales, los vegetales, en definitiva, sobre todo ser viviente.

Vuelven a alinear la carga energética de los rayos primordiales y de los nuevos rayos para evitar aplastar al ser vivo de forma vibratoria. Todo se ancla con suavidad y armonía, incluso las liberaciones. Cuando los Médicos del Rayo Arcoíris están presentes, estad seguros de que los Arcángeles Loriel, Lanuel, Iuriel, Sandalfón y Rafael llegan porque están todos bajo su jurisdicción.

Los Médicos del Rayo Arcoíris trabajan junto con nuestra Presencia Divina, con todos los miembros del reino angélico y elemental, con los Maestros sanadores así como con Gaia. Pero es el Arcángel Metatrón el Gran Patrón de todos, en nombre del Divino Creador.

Metatrón

El Sello del Arcángel Metatrón es el Sello de integración de todos los Sellos, de todas las iniciaciones y es la fuente de grandes bendiciones. Activa en nosotros la Matriz metatrónica.

El Sello de Metatrón actúa siempre en último lugar, permitiendo así que los distintos cuerpos integren todas las energías recibidas. Asimismo, es un inhibidor de las energías que ya no necesitamos de forma inmediata. Le sigue el soplo de Dios, el Soplo del Espíritu Santo, a fin de activar todo el poder de los Sellos con gracia y armonía. Es, por así decirlo, el elemento disparador de una renovación en el seno mismo de los cuerpos. El receptor percibe una mayor ligereza y una mayor facilidad para absorber las distintas energías.

Además, el Sello del Arcángel Metatrón actúa directamente sobre el ADN a fin de reencontrarse con la estructura original, la que fue ofrecida por el Padre-Madre Creador/Creadora en el momento de la creación. Activa las reconexiones y se emplea para la reactivación de las hélices de ADN en la corona y en nuestros cuerpos físico y etéreo; efectúa los cambios de integración a cada nueva etapa con Melchisedek. El Sello ordena a las células físicas y etéreas que escuchen la voz del Padre/Madre Creador/Creadora para volver hacia Su Luz Primera.

Este Sello está directamente asociado con el chakra coronal tal y como lo está el Arcángel Metatrón.

Podemos utilizar el Sello del Arcángel Metatrón para integrar todas las iniciaciones, los conocimientos y las energías recibidas, incluidas las obtenidas a distancia o en el plan cósmico. Vuelve a alinear los chakras así como los cuerpos para anclarlos en la Tierra con el Arcángel Sandalfón y con la Fuente Divina. Activa también nuestras memorias celulares y nuestras glándulas pineal y pituitaria.

El Sello del Arcángel Metatrón ancla en nuestras células las energías de transformación durante cada etapa de la Ascensión. Ancla nuestro cuerpo de Luz Crística en nuestro cuerpo físico. Une nuestros meridianos y nuestras líneas axiatonales con los meridianos y con las líneas axiatonales de nuestro cuerpo de Luz Crística. Viene para aportar el equilibrio a las distintas rejas energéticas de nuestros cuerpos superiores e inferiores.

Activa el Árbol de Vida en nosotros a fin de anclar allí todas las virtudes de los Sepiroth.

El Sello del Arcángel Metatrón une nuestro corazón con todos los Maestros de Shambhala, de la Gran Fraternidad Blanca, con el Trono Real Divino, con los Maestros Cósmicos del Universo, con todo el Reino Angélico y con el corazón dorado cósmico de la Fuente de las Fuentes. Nos hace tomar conciencia de que todos somos uno.

Cuando el alma está preparada, a petición de Dios Padre/Madre Creador/Creadora, el Arcángel Metatrón, con la compañía de Meldisedek, viene para anclar y reactivar en nosotros las Claves de Enoc.

Si alguien se siente perdido, el Sello le ayudará para reencontrar el verdadero camino. El Arcángel Metatrón nos enseña también que en el Universo nadie está más alto que otro, porque estamos todos unidos en el Amor y en la Luz Divina ante los ojos del Gran Creador. Cada uno tiene su sitio y su papel en el Universo, en todos los niveles.

El Sello del Arcángel Metatrón nos alinea con la Fuente Divina en todo momento, así como con el Trono Real Divino. El Sello es fuente de bendiciones divinas. Bendecid vuestras casas con el Sello del Arcángel Metatrón, bendecid a vuestros hermanos y hermanas de la tierra, bendecid la tierra y sus reinos, bendecid todos los aspectos de vosotros mismos.

¡Sha y Ana! *Paz y bendiciones.*
Arcángel Metatrón

Mikael

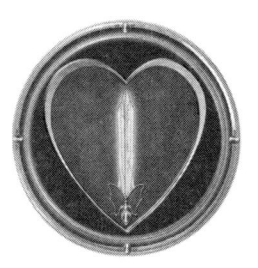

El Sello del Arcángel Mikael (o Michael o Micael o incluso Miguel) es un Sello de reconocimiento del Caballero de Amor y de Luz.

Este Sello es generalmente dado incluso antes del nacimiento. Es para todos los que forman parte integrante de la milicia de Mikael, o para los que simplemente son llamados a ser Caballeros de Luz sobre esta Tierra y que hayan recibido el Sô antes de su primer soplo. Se trata de permitir al alma que reconozca y que recuerde la maravillosa herencia angélica escondida en el fondo de cada uno de nosotros.

Esta energía consagra al Guerrero de Luz al servicio del Amor de Dios. ¡Lleváis en vosotros la fuerza y la voluntad de hacer frente a la Sombra en vosotros, dondequiera que se esconda, y triunfar!

Meditad sobre este Sello. No puede ser dado por otro aparte del propio Arcángel Mikael. Dejad que el Sello y el Arcángel Mikael se expresen durante vuestras meditaciones, y comprenderéis mejor el significado de este símbolo. Tiene por principal objetivo despertar a los caballeros dormidos. ¿Acaso sois uno de ellos?

El Sello del Arcángel Mikael es un Sô de alta protección. Activa también todos los dones de los Caballeros de Luz que están relacionados con él a fin de que puedan volverse más activos en esta encarnación. El Sô protege y limpia el Canal de Luz, así como la Columna de Luz. Ancla en nosotros la «espada *Excalibur*», activa nuestros Escudos de Amor y nuestra Armadura de Luz.

Este Sello aporta e infunde en todo nuestro ser las energías y vibraciones del Arcángel Mikael y aporta una liberación energética y vibratoria en todos los niveles. Limpia y protege los lugares físicos.

Este Sello limpia y transmuta asimismo todos los recuerdos de nuestra alma sobre contratos, votos, acuerdos, ataduras conscientes o inconscientes, en los tiempos presentes, pasados, paralelos y multidimensionales que no sirven para nuestro bien supremo en esta encarnación. Ayuda a desalojar las viejas energías, los antiguos equipajes y los guías que no tienen ya sitio en esta encarnación frente a las nuevas energías de la era de Acuario, y que conforman bloqueos serios para nuestra evolución. Abre la vía hacia el descenso de las energías crísticas y nos une al mismo tiempo, de forma permanente con el Padre Divino y con la Madre Divina.

El Arcángel Mikael nos recuerda nuestra filiación divina con el Padre/Madre Creador/Creadora: *somos sus hijos y estamos aquí para anclar nuestra Luz sobre la Tierra.* Además, nos aporta la Fe y la confianza en el Padre Divino y en la totalidad del universo.

Orión y Angélica

Este Sello de Orión y Angélica es un Sello de unión.

El Sello de Orión y Angélica une el Cielo y la Tierra, lo Masculino y lo Femenino, el hombre y su alma... Esta energía es unificadora y sólida. Actúa como una atadura entre dos partes.

Este Sello se emplea principalmente para los problemas que sobrevienen en el seno de una pareja o entre dos individuos. El sello de Orión y Angélica representa la unión de lo Femenino y lo Masculino, de la Fuerza y el Corazón (amor), así que, ¿qué hay más normal que llamar a esta energía cuando la pareja se hunde? El Sô permite una apertura repentina en los cuerpos mental y emocional. Ello no hace milagros, sólo permite la toma de conciencia de los eventos y coger un poco de distancia frente a una situación preocupante.

Este Sello, como todos los demás, es constructivo. Su energía nunca se emplea para destruir ni siquiera construir, sobre la voluntad del ego; el Sello no os vuelve ciegos, al contrario, permite el desapego y la capacidad de mirar con los ojos del corazón. Une, simplemente, pero no retiene lo que ha de ser separado...

Este Sello ancla profundamente el deseo de vivir la vida, la sexualidad y las relaciones en el mundo físico y terrestre que nos rodea. Además, Orión y Angélica afirman las ganas o la alegría de vivir a través de la curación del niño interior (chakra hara); ello permite al ser vivir plenamente el esplendor de su encarnación presente.

Somos una de las parejas cósmicas del Universo, Orión y Angélica. Con nuestro Sello te aportamos el equilibrio, entre tu Divino Femenino y tu Divino Masculino. El Sello aporta la sanación de todos tus aspectos femenino y masculino en el tiempo y en el espacio, en todas las dimensiones, a través de la Llama Sagrada de tu corazón, energía de perdón y de amor, rosa y azul.

Nuestro Sello ancla los aspectos femenino y masculino en tu cuerpo, permite la sanación de las heridas de amor de tu corazón y de tu chakra hara (sagrado), equilibra tu sexualidad: aceptación de lo que es. Venimos para equilibrar, a través de tomas de conciencia, tu relación contigo mismo y con el otro, el o la que comparte tu vida, todo individuo y ser vivo que te frecuente cotidianamente llevándote a una mejor comprensión de estos desequilibrios tuyos y reflejándote en el otro. No olvides que lo que te exaspera o lo que le reprochas al otro lo llevas en tus cuerpos, enterrado de forma más profunda o más sutil. Se trata de tomar conciencia de ello y de extraerlo de tus cuerpos y transmutarlo todo en la Luz en el amor. Nosotros activamos el amor y la belleza, el amor de pareja, el amor y el respeto hacia uno mismo y hacia cada uno. Admira tu propia belleza y que el amor es Belleza Divina. Tienes la elección de ser belleza y Amor Divino, una elección que permanece en uno mismo en todo momento.

Os bendecimos y os invitamos a que nos llaméis y meditéis sobre este Sello. Os aportará muchas respuestas en el momento presente y os advertirá cuando no sea amor por uno mismo ni por el otro.

*Namasté,
Orión y Angélica
Al servicio de la Fuente Divina.*

El Sello de Orión y Angélica unido con el Sello de Maestro Hilarión limpia y armoniza profundamente todos los cuerpos, el aura y los chakras. Aporta más equilibrio. Unido con el Sello del Arcángel Sandalfón y con el Sello de Poseidón, limpiará toda la tierra, los lugares devastados por las catástrofes ecológicas y las zonas contaminadas. Unido con los Sellos de María/Isis, de Palas Atenea y de Hilarión, resulta de gran ayuda para las víctimas de incesto, de violación y de otros maltratos sexuales, así como para todas las personas que ya no creen en el amor o que viven relaciones amorosas difíciles.

Palas Atenea

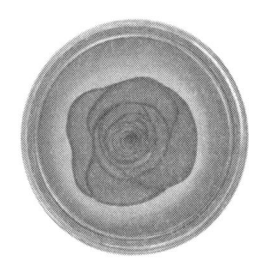

El Sello de Palas Atenea es una energía de amor, de rosa, de luz y de bondad. Es la Luz de lo Justo. ¡Es una flor que nunca se marchita! Es también la unidad del ser, unidad total que engloba todas las facetas del ser.

Este Sello es una energía de una parcela divina de Su Presencia y de Su Magnificencia así como de Su Justicia. En el seno de la célula se compone una cohesión que se rige por la misma energía que emana del Sello de vida de Palas Atenea, así que la Justicia toma forma en el interior mismo de los cuerpos físico y de luz; la salud es un estado de armonía y de equilibrio perfecto en los cuerpos. El Sello abre nuestro corazón a la «belleza» interior y exterior, es la luz que alegra e inunda nuestros ojos a través del arte y de las obras creadas por el corazón (y el amor). Este Sello es también la energía de las Musas… la inspiración de la belleza, del Equilibrio y de las Proporciones Divinas en artes, arquitectura, literatura, filosofía, moda, finanzas, política, amor… en definitiva, en todo.

El Sello atrae la Luz de la Justicia y de la Sabiduría divina para facilitar el discernimiento de los eventos y las situaciones que más nos preocupan. Esta energía viene para empujar nuestras propias leyes, nuestros pensamientos y nuestra propia forma de hacer las cosas, para equilibrar mejor la Justicia Divina en nosotros y a nuestro alrededor. *Mirad alrededor de vosotros, ¿qué veis? Veis la luz en cada uno. Percibís la bondad, la alegría, el amor… La rosa en cada uno de los seres que pueblan Urantia-Gaia. Ofrece el consuelo en el momento en que más lo necesitamos y la recuperación del valor para ayudarnos a avanzar aún más lejos en nuestro camino.*

El Sello de Pallas Atenea ofrece una apertura, aún desconocida, en cada uno de nosotros. Con la complicidad de la Triple Llama o la Llama de nuestro corazón, equilibra nuestra generosidad, nuestra bondad, nuestra armonía, nuestras formas de hacer las cosas y nuestra justicia. Permite que nos dejemos ir y que la Voluntad Divina juzgue nuestro mundo y a sus habitantes. Tranquiliza el deseo de venganza. Aporta la paz porque ofrece la paz y la Luz de lo Justo.

Soy Pallas Atenea, Maestra de Amor y de Luz de Shambhala. Aporto una nueva energía en esta era de Acuario con este particular Sello.

Aporto la energía de Tiferet del Árbol de Vida, la Sefirat: Belleza, Armonía y Equilibrio.

Belleza, Armonía y Equilibrio en tu cuerpo, en tu ser. Voy a buscar lo más profundo que hay en ti mismo y a enseñarte a liberar todas las energías de guerra con su cuerpo físico. Te enseño a ser, a hacer que resplandezca tu Esencia Divina, tu belleza luminosa, en tu interior y a difundirla en tu exterior a través de tus ojos, de tu sonrisa, de tu aura. Eres Belleza, Armonía, y Equilibrio. ¡Eres Tiferet!

Te enseño a abandonar todas las falsas creencias y las ilusiones que te has creado con tu propia mirada, con la mirada de tu sociedad y con la mirada que los demás tienen de ti y de tu cuerpo físico. Te aporto esta voluntad de elección y de cambio a fin de que te ancles mejor en la realidad física elegida por tu alma en la encarnación. Te reconduzco hacia el equilibrio, su luz, su sombra. Toma conciencia de que has elegido estar en este cuerpo físico desde tu concepción. Por consiguiente, es posible liberar todas las malas elecciones e integrar las que hubieras podido tomar. ¡Acepta y honra lo que es! Retoma tu poder interior, redescubre tu belleza y tu sabiduría interior.

Lo anclo en esta activa energía de verdad en Tiferet porque es hijo e hija de la Luz Divina.

A través de mi Sello, ayudo a desarrollar el amor por el arte en todas sus formas, porque el arte es también la expresión de la Belleza Divina. ¡Equilibrio y armonizo su trabajo de artista!

Llámame y te acompañaré en todos tus cometidos, sumergiéndote en una profunda acción de abandonarse.

Te envuelvo con mi amor.

Palas Atenea

Nótese:

Es Tiferet el que ha venido a mí primero y, desde el momento en que me encontré con el Sello de Palas Atenea, el mensaje ha resonado en mí muy fuertemente: Belleza, Equilibrio y Armonía. Durante un año he trabajado ocasionalmente con Palas Atenea y con mi amiga de Toronto, que es una estilista-maquilladora. ¡Es una de sus guías principales!

Palas Atenea aporta profundas acciones conducentes a dejarse ir. Me ha ayudado a recuperar mi belleza sin artificio. He comenzado por dejar de alisarme el cabello y valorarlo tal como es. Y encuentro que tiene un encanto que no veía antes. ¡Ahora descubro todo tipo de formas de peinarme! Me ha ayudado a aceptar mi talla, mis pies minúsculos. Puedo decir, hoy, que estoy mucho menos acomplejada que antes.

¡Y me río siempre cuando tengo la impresión de ser Alicia en el país de los gigantes! Me ha devuelto este orgullo de ser lo que soy en mi realidad física. Pues sí, he redescubierto mis talentos artísticos, que había abandonado cuando nació mi hija. Palas Atenea se ha vuelto una gran amiga, y habiéndola servido en otra vida, he podido reconectarme con ella más profundamente y comprenderme mejor. Su gran fuerza y su sabiduría me impresionan siempre. ¡Es una mujer entera! Palas nos transmite esta confianza en nuestra verdadera feminidad, que hemos perdido con el tiempo a lo largo de los laberintos de nuestros sufrimientos morales, emotivos y físicos. Nos hace penetrar en nosotros muy profundamente, incluso allí donde queremos cerrar los ojos. Si somos sinceros en nuestra transformación, está aquí y nos tiende la mano para avanzar mejor, siempre acompañada por nuestra Presencia Yo Soy.

¡Gracias, Palas Atenea!
Jacqueline-Célestine

Pasadores del alma

El Sello de los Pasadores del alma, también llamados Pasadores de Tierra, es un Sello de liberación para esas almas cuya vocación es llevar a otras almas hacia la Luz.

Los Pasadores del alma (o Pasadores de Tierra) son unos seres encarnados, como nosotros, con la particularidad de haber aceptado la misión de ayudar a las almas errantes a encontrar el camino hacia la Luz. Por su simple presencia, su alma efectúa este trabajo que se hace muy a menudo a espaldas de la personalidad (sin que el individuo se dé cuenta de ello). Como algunos sufren malestares en el momento de efectuar el trabajo, este Sello está aquí para ayudar a armonizar este momento.

Este Sello ofrece la oportunidad de trabajar con diferentes coros angélicos, entre ellos, los Querubines y los Poderes, así como con los ángeles asignados a esta tarea exclusiva.

Este Sello libera el corazón y el alma de este pasador del alma que ha vivido malas experiencias en su vocación durante sus vidas pasadas o durante su vida presente, por estar mal preparado o por no comprender su papel (¡o incluso ambos!). Libera los miedos y los traumas, estos miedos de oír a través de la clariaudiencia y de ver a través de la clarividencia; así pues, realiza una acción concreta a través de las energías en el interior de los chakras del tercer ojo y del Plexo solar. El clarisentir vuelve a dinamizarse por este Sello.

Esta liberación es ofrecida por los Arcángeles Mikael, Uriel y Metatrón en compañía de distintos coros u órdenes angélicos. La Madre Divina está presente a lo largo del proceso de liberación con la Presencia Divina de este pasador. Se le pedirá, al final, que elija si quiere continuar con esta etapa de su misión y reactivarla con ellos o si prefiere interrumpir o suspender durante un tiempo este trabajo en el Nombre de la Fuente en el Amor Crístico e incondicional. Esta elección es, y siempre será aceptada y respetada. Os pertenece.

Este Sello puede ser impuesto sobre todas las personas moribundas o recién fallecidas, sobre todas las personas muertas en circunstancias brutales (muerte accidental, catástrofe ecológica, incendio, ahogamiento, suicidio, etc.). Los ángeles están presentes con rayos de luz para dirigir estas almas hacia la Luz.

Poseidón

Poseidón es un Maestro de Luz del Alto Consejo de Agua de Luz. Aporta su Sello para equilibrar las aguas en nosotros, nuestras emociones, en nuestro cuerpo físico y en todos los demás cuerpos, y nuestros chakras. Aporta más fluidez a nuestro ser y reconfigura nuestra matriz de agua.

Viene para limpiar nuestras tormentas emocionales y para volver a llevar la armonía en nosotros. Cada cristal de agua de nuestro cuerpo y de nuestros chakras es visitado, limpiado y rearmonizado por el rayo claro divino en representación del Agua Divina. Más específicamente, el chakra corazón, el chakra sagrado y el chakra garganta.

El Sello de Poseidón nos une con la ondina o con el ondino que se ocupa de nuestro cuerpo emocional y del elemento agua en nosotros. Así, lo ayudamos a hacer mejor su trabajo por nuestro bienestar. Durante esta tarea somos asistidos por los Arcángeles de Agua, los elementales y las hadas del agua.

El Sello trabaja sobre todos los desbordamientos de este elemento sobre la tierra, como las zonas siniestradas por causas como lluvias torrenciales, tormentas violentas, inundaciones, etc.

Viene para purificar el agua de la Tierra-Madre, los cristales de agua y sus cuerpos sutiles. Podemos también utilizarlo para purificar nuestra agua de uso doméstico.

El Sello de Poseidón viene para enseñarnos a querernos mejor y a calmar nuestras tormentas emocionales. Como un buen padre, Poseidón viene a vernos con todos sus hijos y a mecernos con el canto de las olas de su océano de amor, transmutando así nuestros dolores, nuestros miedos, nuestras angustias, nuestras ansiedades y las heridas del corazón. Nos lleva con fuerza a retomar el control de nuestro Ser y a reconocer la Hija o el Hijo Divino que somos.

Nota cómo el miedo de avanzar se cristaliza en los chakras de las rodillas: el miedo de avanzar espiritualmente se aloja en la rodilla izquierda y el de avanzar en el mundo físico, en la derecha. Si sentís la necesidad, no dudéis en solicitar la energía de Poseidón para las rodillas y, sobre todo, solicitar que recibáis conscientemente las emociones o los miedos a fin de identificarlos y de transmutarlos en su totalidad.

El Sello de Poseidón activa el despertar de las memorias de sus hijos reencarnados para que se pongan al servicio de la Tierra a fin de participar en las transmutaciones y en las grandes limpiezas de las aguas terrestres y de la humanidad.

Rafael 1

El Sello del Arcángel Rafael es un Sello de limpieza y de armonización del cuerpo físico/etéreo que toca también a los otros cuerpos sutiles. El Arcángel Rafael es conocido según la tradición como el Médico de Dios. Aporta sus conocimientos y su sostén a toda alma de buena voluntad que tenga fe en el Amor Divino. El Sello del Arcángel Rafael limpia los chakras de los cuerpos físico y etéreo. Revitaliza el cuerpo y los sistemas linfático, circulatorio y nervioso, los meridianos, todas las glándulas y todos los órganos, la sangre, los pulmones y los riñones. Sabed que el Arcángel Rafael trabaja con todos los rayos en función de las necesidades.

Da firmeza y reenergiza todos los cuerpos y las células en su función divina y luminosa. Actúa en el seno mismo del núcleo y reorganiza todas las conexiones en un estado de armonía. Por supuesto, echa a todo lo que ya no tiene sitio allí...

El Sello de Rafael ofrece las tomas de conciencia. Esta energía permite una introspección verdadera y no torcida del cuerpo y del alma a fin de encontrar nosotros mismos las causas de nuestros males físicos, espirituales, causales, emocionales y mentales. ¡Este Sello viaja de un océano al otro, como dice el lema canadiense! Todo es revisado de punta a punta con este ojo de sanación. Permite la búsqueda en nuestro interior para que encontremos las verdaderas claves de la curación. ¡Encontrar un nudo emocional olvidado puede aportar una gran liberación si este es transmutado, y para ello no sólo hay que encontrarlo, sino que también hay que conocer su existencia! Es un pequeño ojo mágico que abre la conciencia a la toma de conciencia sobre nuestra propia salud. ¡De esta forma, nos volvemos responsables de nosotros mismos, de nuestra salud!

Recibir el Sello de Rafael vuelve a alinear todos los cuerpos con la Fuente de las Fuentes y con la Voluntad Divina. Ello permite estar más seguro de uno mismo, ver por fin el interior de uno mismo y mirar cara a cara a... ¡nuestro ego! El Arcángel Rafael ofrece esta solución a nuestras numerosas llamadas frente a la enfermedad, que demasiado a menudo nos desestabiliza.

Tener la libertad de elegir entre la sanación rápida o no, he aquí un bonito regalo de sanación del Arcángel del rayo verde, ¿no? Cuando se asocia con el rayo azul, esta energía actúa directamente sobre los ojos, tanto físicos, como etéreos u otros. *Vivir y dejar vivir, decís... Entonces, ¿qué esperáis para vivirlo?*

Soy el ojo de Dios. El de la Voluntad y el de la Medicina Divina. Soy el médico del Padre Divino. Mira este ojo recorriendo tu cuerpo físico, las células enfermas, los órganos defectuosos... Y mira los rayos azul, verde y dorado recorren todo tu ser, limpiando, vivificando, liberando tu ser de todo mal físico, de malestares y de mal de vivir.

Poso mi Sello desde el momento en que me llamas. Ten conciencia de que tienes este poder de curarte. Activo el conocimiento de lo que tu malestar quiere decirte. Te vuelvo a conectar con tu cuerpo y este te habla. Te cuenta exactamente lo que tienes que saber: «por qué estás enfermo».

Te hace tomar conciencia de las cristalizaciones en los cuerpos etéreo, mental y emocional que han desencadenado la enfermedad.

Te enseño a amar tu vehículo físico y a cuidarlo con amor y desapego. ¡Ten esta voluntad y esta fe de transformar tu vida!

Eres más que este cuerpo físico, no lo olvides.

Mi Sello vuelve a alinear tus cuerpos con tu Ser Divino. Ayuda a revisar tu forma de vivir y de expresarte. Aporta equilibrio en la mirada que el alma dirige al corazón.

A través de mi Sello, te enseño a responsabilizarte por completo de tu salud.

Puedes combinar mi Sello con el de Orión y Angélica, con el del Maestro Hilarión, con el de Anubis y con el del Arcángel Sandalfón. Trabajamos en sinergia por vuestra salud en todos los niveles.

Puedes también combinar las letras hebreas Tzadi y Shin con mi Sello.

Recibid, bien-amados del Padre, todo mi amor.
Rafael

Rafael 2

El segundo Sello del Arcángel Rafael es un Sello de amor y de reestructuración del ADN.

El segundo Sello se da sólo cuando el cuerpo físico está preparado. Las energías de este Sello empujan toda la estructura del ADN y de las moléculas para introducir el verdadero esquema primordial de la vida original, el Adam Kadmon. Una reprogramación tiene lugar en el propio seno de la célula y se transforma o se transmuta en una célula más receptiva a la energía cósmica, crística y universal.

Este Sello aporta un equilibrio en el interior mismo de las células y del ADN. Las energías solar, masculina y femenina se frecuentan con una mayor armonía y permiten una salud física más sólida. El Cielo y la Tierra se unen para que nazca una célula equilibrada y original, completamente nueva.

Esta energía es esencial para el establecimiento de las premisas hacia la Ascensión. El cuerpo debe ser preparado para recibir a las altas vibraciones y a las fuertes energías luminosas, y el Sello de Rafael es el mando de control de todo ello.

Hay que utilizarlo con prudencia, ya que las energías del segundo sello de Rafael son poderosas y desestabilizantes para quienes no están listos para recibirlas.

El segundo Sello del Arcángel Rafael es un Sello de anclaje y de limpieza de las hélices de la matriz de ADN del cuerpo etéreo al cuerpo físico. Vela por la armonización de los cambios vibratorios debidos a las transformaciones que aportan las nuevas hélices de ADN en las células del cuerpo y en los trece chakras mayores.

El Sello aporta cambios moleculares atómicos así como en los electrones y los cromosomas; opera cambios en el sistema nervioso y solidifica la protección de este. Además, produce otros cambios en la estructura de los tejidos óseos y de los distintos órganos y glándulas del cuerpo. Todo esto prepara el cuerpo para la Ascensión, para el anclaje del «cuerpo de luz crística» con el Soplo Divino, transformando al mismo tiempo las rejillas energéticas de nuestro cuerpo.

Utilizad este Sello para vuestra transformación física activa.

Es muy importante sellar la activación de este Sello con el de Metatrón (seguido por el Soplo Sagrado), o imperativamente para aportar el equilibrio vibratorio en todos los cuerpos sutiles, y con el de Sandalfón para anclar correctamente las energías en el cuerpo físico. Hay que activar este Sello únicamente dos veces para obtener su eficacia máxima, con un plazo de veintiún días entre cada nueva activación. No olvidéis pedir los beneficios máximos con armonía y gracia por el bien de vuestra evolución presente.

Sanat Kumara

El Sello de Sanat Kumara, Antiguo de los Días, es muy particular, es regenerador y creador. Es una poderosa energía porque toma posición por todas las partes de cada cuerpo y toma el control de cada energía que se encuentra allí, a fin de reprogramarla.

Este Sello, con una energía muy poderosa y de muy alta vibración, permite un anclaje muy sólido sobre la tierra y una iluminación de todas las partes de los cuerpos que aún están oscuras. La energía que circula en cada uno de ellos es repentinamente repolarizada y vuelve a ser fluida. Esta energía se escurre, pues, en todos los canales energéticos cada cuerpo sin trabas, para, finalmente, reunirse con la tierra con una perfecta sincronización y armonía. Toda la energía es pues redirigida según la Voluntad Divina.

El cuerpo físico, así como todos los demás cuerpos, es adumbrado por una energía que lo reconcilia con el elemento tierra y con sus energías asociadas. No se ha dejado nada atrás que pueda ser un obstáculo para la Perfección Divina y para esta circulación energética esencial para nuestra condición actual.

Cuando se asocia con otras energías particulares, lo imposible se vuelve posible. Basta con creer en ello y con aceptar sus energías sin resistencia por parte de la personalidad. El adumbramiento es tan envolvente que el ego puede sentirse amenazado si no está listo para recibir este Sello. Una preparación energética es necesaria y esencial salvo si el alma está ya en un nivel suficiente. Para ello, hay que preguntar al alma si está lista para recibir una tal abundancia de energía.

El Sello de Sanat Kumara nos abre a la abundancia material y espiritual. Sella el compromiso irreversible con la Luz. Por supuesto, hay que comprender que este es el principio de un proceso que comienza, y no un compromiso para convertirse en un santo o en un maestro en los momentos siguientes. Un poco de discernimiento es necesario para utilizar y comprender los Sellos… ¡Y sobre todo este!

Soy Sanat Kumara. Soy el iniciador del Amor Crístico, tu acompañante sobre tu camino de Luz durante cada una de tus iniciaciones. Soy el regente de Shambhala, el logos del planeta Urantia-Gaia.

Vengo a ti, a través de mi Sello, para equilibrar tus chakras y tus cuerpos sutiles, para depurarlos y enraizarlos en la Madre Tierra. Vengo para activar las iniciaciones de cara a la Ascensión y a tu misión planetaria. Mi Sello abre las puertas del amor verdadero y lo incita a ponerse al servicio incondicional de tu alma, de la Fuente Divina y de la Madre Tierra Gaia.

Activo tus conocimientos celulares y te hago descubrir los tesoros que posees en tus trece chakras, en tus cuerpos espirituales.

Te enseño a reconocer al Ser Divino, al Maestro Divino que está en ti y a dejar que ocupe su verdadero sitio en tu vida.

Soy el que vela por tu alma y abre la habitación sagrada de tu corazón, activando la Triple Llama: oro, rosa y azul, llamas de amor, de sabiduría y de protección. Aporto un amor profundo por la Madre Tierra.
El Sello aporta la transfiguración de su vida espiritual por la activación de los doce rayos cósmicos en su ser.
En el Sello tiene un templo, una pirámide dorada cuyo centro está dotado de un pozo de luz de la Triple Llama, que te une con los Maestros de Luz de todos los planos, con el Maestro de Cristal, así como con todos los chakras de la Tierra. Hay una sala de luz, llamada Ascensión, para la curación de tus cuerpos y de tus chakras; una sala del Saber donde podemos encontrar a un Maestro de Luz cósmico o de Shambhala que te enseñará lo que tienes que conocer en el momento presente.

Sanat Kumara

Este Sello es también una clave que os permite ir al interior de la pirámide en la ciudad blanca de Shambhala, a fin de efectuar una curación en compañía de los Maestros. Sentada sobre la silla de oro, la persona que recibe el tratamiento elige un cristal entre decenas de otros cristales, de todas las formas y colores, el que corresponde, según él, a la curación de su cuerpo, y luego los Maestros nos piden que tomemos otros cristales para cada cuerpo que ha de ser tratado. En esta pirámide, los Maestros lo dirigen todo y sugieren qué cristales tomar. Basta abandonarse a su voluntad y a la de la Fuente Central Primera...

Sandalfón

Se trata de un Sello unido al rayo naranja. Un Sello unido con todo el reino de la Madre-Tierra, Urantia-Gaia; una energía femenina de enraizamiento y de respeto frente a la Naturaleza, a la Madre y a los Elementos.

Esta energía cura y abre el chakra de la base, el que nos une con la Madre-Tierra así como con el mundo material. Este Sello del Arcángel Sandalfón permite que nuestros cuerpos físico y sutiles enraícen en el núcleo cristalino de la tierra, abre la puerta al anclaje de nuestra vida a la materia y ello, con gran precisión. Hemos elegido encarnarnos en este mundo con pleno conocimiento de causa, nos hemos encarnado en un cuerpo físico en un mundo físico con todas las dificultades que ello comporta; es importante el asumir nuestra elección… Algunos flotan, como los pájaros, muy por encima de la tierra firme y otros, como los topos, están profundamente bajo tierra. ¿Veis? Los lunáticos y los ultra-pies-sobre-la-tierra. ¿Os reconocéis? Sandalfón equilibra estos dos polos tan importantes en este mundo. La energía telúrica y la energía cósmica se encuentran, pues, en los cuerpos equilibrados y en perfecta armonía en el momento en que la energía de Sandalfón se ancla en cada uno de nosotros.

El Sello de Sandalfón calma y restablece la fluidez de las energías, manteniendo al mismo tiempo un equilibrio en todos los otros cuerpos con el reino de la materia.

Este símbolo centra sus energías particularmente en el chakra del tercer ojo y de la garganta. Restablece la conexión con los cristales en cada uno de nuestros chakras. Esta energía anaranjada limpia la columna de luz, los chakras y los cuerpos de todos los parásitos unidos con el reino material. Se trata de una poderosa herramienta de transformación y de repartición entre las células físicas y etéreas: un intercambio constante de energía y de información es necesario para que un equilibrio pueda mantenerse a fin de ejercer una cierta «influencia» sobre nuestra vida en el reino material.

El Sello de Sandalfón es un poderoso comunicador con los Elementales. Este contacto con el reino elemental es tan primordial como un buen contacto con el reino celeste y angélico. Son los Elementales que permiten a la Madre-Tierra que exista tal y como Ella es, y los que hacen que la vida pueda desarrollarse en ella. Estos Seres Elementales tienen todos los secretos para mantener una perfecta salud del cuerpo físico porque están a cargo de estos. Os interesaría entrar en contacto con ellos y escucharlos, ya que tienen tanto por enseñaros…

Este Sello trabaja estrechamente con los reinos animal y vegetal. Es más fácil entrar en comunicación con los animales gracias a la intervención del Arcángel Sandalfón. Varios animales tienen la habilidad de curarse, como los gatos; por lo cual observar los animales y la Naturaleza en su conjunto es bueno para descubrir sus talentos y su Sabiduría… Este Sello abre la vía, por ello es entonces más fácil comunicar y recibir los beneficios de todos estos reinos y sus conocimientos.

Además, esta energía trabaja sobre los riñones, la próstata, los órganos genitales, las funciones respiratorias, el estrés, la ansiedad y la fatiga. Es excelente para las alergias externas tales como las producidas por el polvo (ácaros).

Soy portador de verdad, de amor y de transcendencia en la materia.

Utilízame para anclar tus raíces en el centro de la Tierra o en su núcleo cristalino. Enraízo y armonizo tus energías, tus vibraciones, con las energías y la vibración nueva provenientes del Gran Sol Central. Enraízo todos tus cuerpos, todos tus chakras, tu Canal de Luz. Aporto curación y equilibro de los chakras inferiores pero en especial del chakra raíz, y trabajo en la liberación de todo karma unido con este chakra. Enderezo la columna vertebral y toda la estructura ósea. Visualiza cómo viajo en la estructura ósea, la columna vertebral, el chakra raíz. Ve cómo se liberan las memorias dolorosas. Si me colocas en la base de tu asiento (perineo y coxis) tomarás conciencia de tus relaciones padre/madre/hijos a fin de liberarte de todos los dolores que les están vinculados.

Toda persona encontrará y anclará la alegría de ser un Ser Divino en la materia, en armonía con su cuerpo, que aprenderá a amar y respetar. El cuerpo dice: «¿me aceptas tal y como soy, mi color, mi sexo, mi estructura, mi biología? ¿Aceptas ser un humano?». Descubrirás que tu biología no es diferente en absoluto de la de la Tierra y los reinos de la Natura. Aprenderás a comprender mejor tu cuerpo y su funcionamiento, su importancia y su utilidad. Uno tu corazón con el Amor Divino en cada raíz, cada piedra, cada elemento, en ti mismo y alrededor de ti. Une tu bioenergía a la de la Tierra porque sois Uno, ya que albergas en ti mismo a los cinco elementos. Tú recibes las mismas energías solares que Ella y su energía telúrica te enraíza profundamente en Ella, para armonizar tus cuerpos. Abre tu corazón y únelo con el corazón de la tierra, con tus chakras y con la estructura del fuego de su magma. Reencuentra la belleza, la armonía profunda, la comunión con la Madre-Tierra y con todo ser vivo, sea cual sea. Toda persona encontrará una alegría profunda en ser uno con la Tierra y sus reinos y uno con el universo, ya que el chakra raíz es también una puerta al universo.

*Devuelvo la vida por el movimiento de la Vida. A través de mi Sello, anclo las energías solares en la tierra y en vuestros cuerpos inferiores. Te volverás más consciente de su ambiente y participarás más activamente en las transformaciones físicas, electromagnéticas, biológicas de la tierra para volverte más responsable de su tierra, de ti mismo. Te uno con el logos planetario de la **Tierra Sanat Kumara** y con los logos solares **Helios y Vesta**.*

Mi Sello te armoniza con los elementos y los elementales. Les será benéfico para la transición hacia cada etapa ascensional, los fortificará y equilibrará los polares en ellos. Todos los que trabajan activamente sobre el planeta con Gaia por un mayor bienestar, por su salud y con los elementos y los elementales, serán protegidos por mi Sello. Mi Sello ayudará a trabajar con precisión en la reconstrucción de la vida bajo todas sus formas: reforestación, descontaminación, etc.

*Unido con el sello de Metatrón, mi Sello aporta el conocimiento cósmico, una unión entre el Cielo y la Tierra. Os volveréis seres cosmoplanetarios, un **todo** con el Cielo y con la Tierra. Este Sello de Sandalfón es maravilloso para armonizar los cuerpos y los chakras de los animales. Combinado con el primer Sello del Arcángel Rafael, aporta una ayuda al nivel de los pulmones y nos libera de las alergias.*

Con Amor, Paz y Armonía.
Arcángel Sandalfón

Serapis Bey

El Sello de Serapis Bey es un Sello de Ascensión y de renacimiento.

Esta energía abre la vía a todas las otras formas de energías superiores. Es una energía ascensional, una energía que empuja hacia arriba. Al contrario del Sello de Zeón, no es un acelerador, sino una clave para las tomas de conciencia y de apertura del canal hacia el alma, la Presencia Yo Soy o el Ajustador de Pensamiento.

Este Sello barre con el dorso de la mano todas las energías anticuadas y nefastas que habrían podido incrustarse en el interior de nuestros distintos cuerpos o de nuestro campo áurico. Es una pequeña bomba: ¡dinamita! Es luz para todas las partes «oscuras» de nuestro ser. Esta luz empuja nuestras fronteras interiores más allá de nuestro mental…

De hecho, este Sello libera la Energía Blanca y la Llama de la Ascensión, en el seno de nuestro Ser al completo, para iluminarlo. Así, los lamentos, los remordimientos y cualquier otra forma de pensamiento residual son eliminados por la Luz. Todo se transforma en Luz. No hay que confundir esta energía con la de San Germán ni con la de la Llama Violeta, que están en el séptimo rayo de transmutación. La Energía Blanca de Serapis Bey ofrece la oportunidad al Ser de avanzar un paso más hacia la Ascensión, permitiendo un principio Feng Shui… ¡tiramos los antiguos asuntos a la basura!… Por supuesto, esta Energía es mucho más que esto, pero la citada imagen ilustra bien el efecto exterior del proceso. Se trata de un pequeño renacimiento interior que sigue a una iluminación nueva de nuestro propio ser: nuevos valores, nuevas tomas de conciencia, etc. Esta energía hace pues descender una emanación del Espíritu Santo en nosotros, creando así una «inspiración», genial o no, y una iluminación repentina según nuestra marcha del momento. En otras palabras, superáis una etapa culminante que lleva a otro ciclo de vuestra evolución, como si terminaseis vuestro último año en el instituto, lo que, en principio, os abre las puertas de la siguiente etapa: la universidad.

Soy Serapis Bey, Maestro Ascendido de Shambhala; te aporto en estos tiempos la Llama Blanca de la Ascensión. Esta llama que purificará tus cuerpos para ascender en la Luz y en la Conciencia Crística. Esta llama te aporta mucha limpieza en tus chakras y en tus cuerpos sutiles. Debes estar listo para tomar conciencia de tus equipajes acumulados y para deshacerse de lo que ya no es necesario, de lo que ya no está en su sitio, de lo que es rígido y te hace caminar en los meandros de tu mental y en el carrusel de tus emociones. Te hago tomar conciencia de tus heridas kármicas y de tus dificultades interiores. Pongo el dedo allí donde debo para que elija liberarse de todos los pesos acumulados de tus vidas pasadas y presente.

Mi Sello aporta ayuda y soporte a todos los que quieren hacer una marcha profunda por su ser entero con fe, humildad y perseverancia.

Yo uno con la Voluntad Divina y con los Maestros de Ascensión durante la marcha. Bendícete por haber escuchado a tu alma, esta parcela divina que quiere expresarse a través de la materia y tomar las riendas de tu destino.

Soy Serapis Bey.
Al servicio de la Fuente Divina

El Sello de Serapis Bey acompaña toda iniciativa de liberación y de transformación del ser en cada etapa de la Ascensión. Con el Sello de María/Isis, Serapis Bey viene también para sanar profundas heridas del corazón y para cuidar los aspectos de nosotros mismos muy traumatizados, a fin de volverlos a llevar hacia la Unidad y a la Luz Divina.

San Germán

El Sello de San Germán es la energía de la Llama Violeta.

En el momento en el cual la energía de la Llama Violeta es liberada por este Sello, comienza entonces la transmutación de las energías negativas. El rayo violeta y sus reflejos plateados o índigo entran en todos los chakras y en todos los cuerpos, y transforman las formas-pensamientos negativos, los karmas y otros, en energía positiva y constructiva para el cuerpo y el alma.

Como el Fénix, te hago renacer de tus cenizas gracias a la transmutación de la sombra en ti mismo, de tus sentimientos y formas-pensamientos negativos llenándote con la Llama violeta. Te aporto más Luz. Ilumino el corazón y expulso las dudas. Instalo en cada uno de tus chakras unas minillamas violetas para descristalizarlos y una llama que arde día y noche en vuestros cuerpos sutiles. Transformo tus penas y tus sufrimientos en alegría y paz.

Toma conciencia de que eres uno con el Creador y que la separación no es más que una ilusión fabricada por el ego. Te muestro sus debilidades profundas a fin de que tomes mejor conciencia de tu fuerza interior. Te ayudo pues a transmutar, en la Luz, los velos de ilusiones que tanto te hacen sufrir y que te hacen cautivo de tu ego a fin de que camines en la Luz Divina.

Mi Sello te aporta una mejor visión de ti mismo y activa el anclaje de nuevas energías del despertar espiritual en tanto que Hijo e Hija de la Luz.

San Germán

Uriel: el Unicornio

El Sello del Arcángel Uriel –el Unicornio– es una energía de armonía, libertad, protección y despegue. Este Sello abre las puertas de la creatividad.

Este Sello aporta la libertad frente a todos los muros que construimos alrededor de nosotros y de nuestro corazón. Todo es liberado. Nada se resiste a la fogosidad y a la voluntad del Unicornio. Esta energía permite la apertura del chakra corona y sobre todo el de la voluntad, el Hara.

Esta energía del rayo azul apunta directamente al chakra de la voluntad, el Hara. La voluntad se instala en armonía con todos los otros chakras y los puntos de energía en los cuerpos. Un equilibrio nace entre la voluntad, la dejadez y la pereza. Todo se vuelve entonces más armonioso y más simple.

La libertad adquirida a través de la llegada de esta energía abre la puerta al despegue hacia nuestra propia realización. Todo es posible y todo está claro. Un sentimiento de certeza, así como tener los pies sobre la tierra, permite un mejor control sobre nuestra vida, nuestra voluntad y sobre nuestro «dejarse ir». El alma encuentra una cierta energía para avanzar. Es la voluntad de acción que se vuelve omnipresente en el fondo de nosotros, de nuestro corazón.

El Unicornio es también una energía protectora en el nivel espiritual.

Este Sello está directamente relacionado con la motricidad del cuerpo. La energía redinamiza los elementos del cuerpo para conseguir una mejor flexibilidad y una salud más perfecta según la Voluntad Divina.

Soy el arcángel Uriel (Auriel) y te presento mi Sello del Unicornio.

El Sello del Unicornio activa el segundo chakra, el chakra sagrado o Hara en una plena dinamización de la creatividad, de los talentos escondidos, a fin de que realices grandes proyectos. Descubrirás todas tus cualidades y aptitudes para volverte cocreador con el Divino y para todas las cosas, en el cumplimiento de tu trabajo cotidiano y de tu misión de vida.

Mi Sello te une con las fuerzas creativas del Universo, con la Madre Divina y con las hermanas de Luz, con los devas, los elementales y los ángeles de la fantasía cósmica para una mejor comprensión y aplicación de las herramientas creativas, que hay que poner al servicio de la Fuente Divina de sus hermanos y hermanas humanos.

Te lleno de fuerza, de alegría profunda, de Paz Divina, de armonía y de abundancia en la creación. Te sumerjo en la acción y te permito terminar todo proyecto emprendido con gracia y armonía.

En breve, mi Sello es el Sello de la abundancia creativa, y colmaré al artista que hay en ti, y le daré forma para que se vuelva la Joya de la Corona Divina.

Zeón

Zeón es un gran sacerdote, médico solar del Gran Sol Central al servicio del Fuego Sagrado Crístico y de la Llama eterna de Dios. Está unido a los Hijos del Sol del Gran Sol Central, que son unos Elohim solares y ángeles gigantes con alas de llamas blancas, que están al servicio de la Llama eterna de Dios. Es miembro de la Orden del Fuego Sagrado del Gran Sol, central que agrupa todas las fraternidades y los alojamientos de todos los soles del Universo, aportando todas las enseñanzas sagradas solares y crísticas del Gran Sol Central. Es el regente de todos los mundos solares del Universo.

Zeón es la Llama, es Fuego ardiente amarillo anaranjado dorado. A través de nosotros, viene para purificarnos, para transmutarnos hacia un nivel más sutil y más profundo, para alimentarnos con Fuego sagrado divino, en todas las dimensiones de nuestro ser (nuestros cuerpos sutiles, chakras, células, meridianos, átomos, electrones...). Activa nuestra alma solar y nuestro cuerpo de luz solar crística, y vela por su integración.

Cuando el alma está lista, Zeón ancla su Sello de amor a fin de acelerar el trabajo de depuración en todos los niveles con el Fuego Sagrado divino, para nuestra ascensión. Transmuta la materia y los cuerpos sutiles para enraizar en ellos la luz crística más profundamente, permitiendo que el alma realice su plan divino. Se denota un aumento de la tasa vibratoria y energética, una entera aceptación de la encarnación. Nos volvemos también difusores de este Fuego sagrado purificador, si tal es nuestro deseo, haciendo el papel de Llama de Amor crística del Gran Sol Central.

El Sello de Zeón aporta un mayor control de las emociones. Ya no estáis regidos por las distorsiones de vuestro cuerpo emocional. Zeón os hace tomar conciencia de los velos de ilusión de vuestro ego y de vuestro mental inferiores. Ayuda a manifestar el amor divino en sí y en todo. El Sello activa la regeneración de las células, así como la revitalización, la activación y el anclaje del cuerpo de luz en el cuerpo físico; más luz en las células, más oxígeno.

Para la Madre-Tierra Gaia: este fuego limpia, purifica, cura, alimenta todos los cuerpos de la Madre-Tierra y el magma del Fuego. El Sello de Zeón va a reforzar la matriz del Gran Sol Central (un enrejado de luz sobre la tierra) en el seno de la Tierra así como el centro nuclear del magma del fuego. Ayudará a desactivar los Sellos negativos anclados en el seno de Gaia, los residuos y los efectos nucleares.

Símbolo genérico durante el trabajo de curación: el Z. Visualizadlo en color amarillo anaranjado dorado.

Cuando activamos el Sello de Zeón, hay que visualizarlo en cada chakra y en cada cuerpo sutil. Viene para verter los códigos de ascensión del Gran Sol Central en los cuerpos sutiles a fin de acelerar sus transformaciones: descristalización, depuración profunda y unificación. Para mantener el equilibrio energético hay que visualizar el símbolo del infinito, trazarlo en cada uno de los chakras y en el cuerpo etéreo. Todo va a hacerse con más suavidad y armonía.

Para activar y sellar todo trabajo, si estáis iniciados en el *Reiki Usui*, tenéis que activar la clave de poder. Podéis también pedir al Arcángel Metatrón que os asista y que imponga su Sello. Para acabar, ponéis vuestras manos en forma de triángulo y sopláis el soplo sagrado divino y hacéis una espiral blanca (en el sentido de las agujas del reloj) en cada mano y, a continuación, dais palmadas. Todo está ya activado.

Continuación y... ¡fin!
La iniciación

Hemos llegado al final de nuestra aventura epistolar...Sí, hemos desvelado el mayor número de Sô permitidos por la Jerarquía Espiritual. Se trata de una herramienta prodigiosa que sabe reconocerlos y a quien sabe usarlos como trampolín hacia la Ascensión o hacia su propia evolución. Sabed que existen otros Sellos de Vida y que ésos requieren de un conocimiento arraigado para comprender bien su energía, que en ocasiones se desborda... y las explicaciones que conciernen a estos Sellos son realmente demasiado complicadas para ser expresadas en una obra como esta.

Por otro lado, para trabajar como «practicante» con otras personas, debéis recibir una formación particular, que resulta también demasiado compleja como para ser descrita de forma comprensible en estas páginas. Como el Reiki, los Sellos precisan una cierta formación a fin de poder hacer tratamientos de energía sobre los demás. Trabajar con otros requiere soltura, una madurez y un conocimiento espiritual adecuados. Es por ello que os ofrecemos la posibilidad de experimentar e incluso de profundizar estas nuevas revelaciones a través de un taller, una sesión o un curso particular. Este libro no lo revela todo sobre los Sô, únicamente lo imprescindible, a fin de que podáis obtener las armonizaciones necesarias por y para vosotros mismos.

Comprended que es importante que integréis todo esto en vosotros. Volverse la quintaesencia de estas energías exige una voluntad por nuestra parte, así como el abandonarse en un amor incondicional por vosotros mismos y por los demás.

La intención del corazón sigue siendo la clave de todo. Sed amor y este se expresará en vosotros y a través de vosotros.

No dudéis en comunicaros con nosotros a fin de hacernos partícipes de vuestras experiencias. A todos los que deseáis saber más sobre ello, e incluso deseáis poder practicar eventualmente tratamientos sobre otros, os invitamos, sólo si sentís la llamada en vuestro corazón, a convertiros en iniciados en los Sô. Poneos en contacto con nosotros para saber más sobre las formaciones, con el objetivo de volveros practicantes de los Sô.

Os contestaremos… ¡según la Voluntad Divina, por supuesto!

Índice

Prólogo 11
Introducción 13
El consejo de los veinticuatro ancianos 17
¡La experiencia! 21
La meditación de los Sô 29
Los Sô 35
Liberación 37
Afra 39
Ajenatón 42
Aluah 45
Anubis 48
Arak el Grande 50
Aramón 53
Arcángeles 56
Arcángeles del Rayo Arcoíris 58
Baba 61
Buda 65
Djwhal Khul 67
El Morya 70
Gabriel 72
Timón Atlante 74
Gran Sol Central 77
Helios y Vesta: el Delfín 80
Hilarión 82
Horus-Ra 85
Kwan Yin 90
Dama Fe 93
Lady Portia 95
Maitreya 98
María-Isis 101
Médicos Arcoíris 104

Metatrón 106
Mikael 109
Orión y Angélica 111
Palas Atenea 114
Pasadores del alma 118
Poseidón 120
Rafael 1 122
Rafael 2 125
Sanat Kumara 127
Sandalfón 130
Serapis Bey 134
San Germán 137
Uriel: el unicornio 139
Zeón 141
Continuación y... ¡fin! La iniciación 144

Para contactar con los autores:

Donald Doan
noramadoan.com

Jacqueline Célestine
davacelestine.com
angelicagaia.com

Marie Denise Allahma
mariedeniseallahma.com